讲故事学论语

郑连根 李　岳 编著

齊魯書社

图书在版编目(CIP)数据

讲故事　学论语／郑连根，李岳编著．—济南：齐鲁书社，2017.10

ISBN 978-7-5333-3781-0

Ⅰ.①讲…　Ⅱ.①郑…　②李…　Ⅲ.①儒家②《论语》—少儿读物　Ⅳ.①B222.2—49

中国版本图书馆 CIP 数据核字(2017)第 118537 号

讲故事　学论语

JIANGGUSHI　XUELUNYU

郑连根　李　岳　编著

主管单位　山东出版传媒股份有限公司
出版发行　齐鲁书社
社　　址　济南市英雄山路 189 号
邮　　编　250002
网　　址　www.qlss.com.cn
电子邮箱　qilupress@126.com
营销中心　(0531)82098521　82098519
印　　刷　山东德州新华印务有限责任公司
开　　本　880mm×1250mm　1/32
印　　张　9.25
插　　页　1
字　　数　191 千
版　　次　2017 年 10 月第 1 版
印　　次　2017 年 10 月第 1 次印刷
印　　数　1-8000
标准书号　ISBN 978-7-5333-3781-0
定　　价　**26.00 元**

前言

儒家思想一直是中国传统文化的主旋律，而《论语》这本关于孔子言行事迹的书，自诞生之日起，就被不断地传诵和解读。一本仅仅一万五千多字的小书，被各个时代最聪明的脑袋研究了两千多年，其中每一个字的注释，注释的注释，注释的注释的注释，加起来足以装满一个图书馆。所以，这本书真的是不辜负“字字珠玑”的评价了。

学习《论语》，无论在古代还是现今的教育中，背诵都是必修课。“子曰：‘学而时习之……’”成了每一个孩子的童年回忆，琅琅的书声，串联起文化传承的主旋律。随着经典学习需求的日益旺盛，原文加白话译文成了许多国学读物的标配，但是这样真的能满足家长和孩子们学习传统文化的愿望吗？在这本书中，我们特意换了一种讲法，让大家听听这主旋律背后丰富的背景声。

这是一种什么样的讲法呢？首先，我们选取了《论语》中提及的与孔子关系极为密切的几十个人物，将《论语》中有关他们的章节采撷出来，连缀成文，形成了几十篇生动的人物传记。在这里，孔子时而狡黠，时而憨态可掬；他门下的弟子，个性丰满，命运也起伏跌宕，有瑚琏之美的子贡，有雄赳赳气昂昂的子路，有文质彬彬的颜回。还有那些与孔子交往过的王侯将相，他们或昏庸愚鲁，或野心勃勃，或善恶参半。可以说，这是孔子时代的一组人物群像，丰满华美。

为什么要选择这样一种写法呢？

这就要从孔子的思想本身说起。孔子重"仁"，有种解释说，仁者，二人也。认为"仁"讲的就是人与人之间的关系，反映在外在形式上，就是"礼"。孔子自己也说"吾道一以贯之"，曾子解释说，这一贯之道就是"忠恕而已"，恕是"己所不欲，勿施于人"，忠是"己欲立而立人，己欲达而达人"，二者合在一起，其实就是在待人接物时所应该秉承的换位思考的交际理念。然而，这忠恕之道是怎么体现在孔子的言行之中的呢？那就非得身临其境才能感受得到了。

此外，就对传统经典的研究方法而言，对于经典的解读和诠释方法代代不同，最经典的例子就是《春秋》一书，自战国时代起，就有若干种不同的讲法。其中左丘明《春秋左氏传》、公羊高《春秋公羊传》、穀梁赤《春秋穀梁传》，都曾列入儒家经典。而如今流传最为广泛、接受程度最高的当属《春秋左氏传》了，因为它详细地叙述了《春秋》这部经典背后的历史细节，为读者理解其中的"微言大义"提供了有力的史实佐证。

就中国历史书写的传统而言，自从司马迁开创了纪传体之后，它就一直成为中国历史的主要记载形式。可以说，中国的历史是极其重视“人”的，重视人的智慧和人格，重视他们在历史舞台上的功绩和影响。而这本书的编撰，也延续了这一优良的传统，力图通过讲述《论语》中涉及的人的故事，让大家更深入地了解孔子生活的时代，更真切地感受到孔子的圣人气象。我们也希望借助这种“以史证经”的写法，让大家明白：历史不仅仅是久远的知识和五光十色的故事，经典的学习也远远不止于背诵和注释。我们期盼，在经典的诵读声和凝视历史现场的目光中，有一群鲜活的人的形象在大家的脑海中生成——知识只有带上了人的体温，才能成为真正的文化。

历史蕴藏着智慧，经典启迪人们的思考，但这些都永远属于善于倾听的人。愿你在历史的交响中，收获自己独特的思考和感动。不知孔子两千多年前的奔走呼号，可否在你的心中激起阵阵回响？

目录

第三章：孔子的朋友圈 /163

第四章：往圣先贤 /223

第一章：万世师表

孔子的身世

人能弘道，非道弘人——孔子的壮年

逝者如斯夫——孔子的晚年

郁郁乎文哉，吾从周——孔子谈礼乐

吾道一以贯之——孔子论仁

孔子的身世

在打开这本书之前，是不是有很多小朋友已经听说过孔子，或者自认为已经很熟悉孔子了？那么，回答我一个最简单的问题吧！你知道孔子姓什么吗？

如果你说孔子姓孔，哈哈，那你就输啦。为啥？请听我细说。

史书上讲孔子，上来就说："孔子，名丘，字仲尼。"因此，很多人会说，告诉了名和字，剩下的那个"孔"当然就是姓了。可实际上，这却是错的。

孔子真的不姓孔，理由是：孔子的先祖是商朝的皇族，和商朝的皇帝一个姓，商朝的皇帝姓"子"，孔子的祖先当然也姓"子"，这是毫无疑问的。可是，你会问，那我们为什么要叫他孔子，而不叫他"子子"呢？这就要讲一讲春秋时期的姓氏制度了。

在今天，"姓氏"是一个词，指的就是姓什么，可在春秋时期，"姓"和"氏"是分开的，拥有同一血统的人（即同一祖先的人）共有一个姓，姓之下又分若干个氏。氏是大姓下的小分支。那么，氏怎么定的呢？一般而言，诸侯以国名为氏，这是周天子所赐的；

卿大夫以祖先受封的官名或封邑名为氏，这是诸侯赐的。一氏之下，有若干家，称为氏族。“族”是“氏”的实体，“氏”是“族”的旗帜。因此我们就知道，春秋时期，人们的姓是不会变的，但氏却会不断变更，一个人以什么为氏，有很大的自由度，既能以做官的地方为氏，也能以先祖的字为氏，还可以先祖的官职为氏，甚至还能以先祖的排行为氏。先祖具体到多少代，也没有硬性规定，可以是父亲、祖父，也可以是高祖、曾祖，甚至是七世祖、八世祖。如此一来，一姓之下就会衍生出好多氏。

回过头来再说孔子。商朝灭亡之后，孔子的先祖被安排到现在的河南商丘一带生活。孔子的祖先中，有三位值得一说。一位名叫弗父何的，他本该是宋国国君，但把国君之位让给了宋厉公，表现出了极高的道德风范。还有一位叫正考父的，他先后辅佐宋戴公、宋武公和宋宣公，三次受命做高官，一次比一次恭敬，“一命而偻，再命而伛，三命而俯，循墙而走。亦莫余敢侮。饘于是，粥于是，以糊余口”。意思是说，每逢有职位提升之际，都要越来越恭敬，第一次升迁时谦逊得低头，第二次曲背，第三次弯腰，连走路都要靠着墙边走。如此恭谦，才能不会受到别人的侮辱。生活当中，只要能养家糊口，解决温饱就可以了，绝不敢奢侈。当官低调到这个地步，实在令人感动。

最后的一位就是孔子的六世祖孔父嘉。孔父嘉，姓“子”，名“嘉”，字“孔父”（将“字”放在“名”前，是春秋时期的特点）。从此之后，孔子家族开始以“孔”为氏，即以祖先的字为氏。后人称孔子为“孔丘”，这个“孔”就是从这里来的。“孔”是孔子的氏，而不是姓。

孔父嘉是宋穆公的托孤大臣,《左传》记载,他的妻子长得非常漂亮。宋国的太宰华督在路上遇见了她,“目逆而送之”,盯着她看,一直到她走远。然后感慨道:“美而艳。”意思是,不仅长得漂亮,而且气质高贵,光彩照人。看上别人的老婆之后,华督就动了歪心眼,他散布舆论说:“宋殇公继位十一年,就有十一次战争,宋国连年有战争,这都是大司马孔父嘉的错。他是导致宋国人饱受战争之苦的罪魁祸首,让我杀了他,还百姓以安宁。”一番鼓动之后,华督就带兵攻杀了孔父嘉,然后霸占了孔父嘉之妻。

为了霸占别人的漂亮老婆,就不惜发动政变、杀人,华督的做法实在狠毒。宋殇公对华督表示不满,华督就又发动政变,杀了宋殇公,然后迎立公子冯为国君,是为宋庄公。此事被史学家称为“华督之乱”。

孔父嘉在“华督之乱”中被冤杀,为躲避迫害,他的后人不得不逃离宋国,迁移到了鲁国。迁鲁之后,他们由宋国贵族降为鲁国平民。几代之后,孔子的家族谱系在鲁国就又有了完整的记录:孔防叔生伯夏,伯夏生叔梁纥,叔梁纥娶颜徵在而生孔子。

孔子出生在尼山的一个山洞中,这一点跟西方的一个圣人耶稣有点像,耶稣是木匠之子,降生在伯利恒的一个马槽里。孔子出生时头顶凹陷,像山丘,于是就以丘为名。古代排行以伯仲叔季为序,孔丘排老二,就取字为仲尼。

孔子三岁的时候,父亲去世了。孔子和他的母亲颜徵在相依为命,日子过得越来越艰难。母亲为了养活孔子,把家搬到了鲁国的首都曲阜，住在娘家阙里，过着清贫的平民生活。虽然过的是平民生活，但孔子却从小就对贵族的礼仪心存向往。他常取一些小盆、小碗当祭器，学习贵族祭祀时的礼节动作。长到十五岁的时候，孔子便为自己立下志向，一定要认真学习文化，成为一个优秀的“士人”。

经过勤奋的学习，孔子几年之间就崭露头角，获得了很多人的赞誉。十九岁的时候，孔子的儿子孔鲤出生。鲁昭公特意送来一条鲤鱼，祝贺孔子喜得贵子。鲁昭公是国君，你想想，国家领导人为一个还不到二十岁的小青年贺喜，这说明什么？说明孔子当时在鲁国已经很有名气，受到国君的赏识。孔子也很高兴，大喜之下，就给自己的儿子起了一个奇怪的名字——孔鲤，因为孔鲤是孔子的第一个儿子，以伯为序，所以字“伯鱼”。从这个鱼字可以看出，古人的名和字之间，有一种有趣的联系。

后来，鲁昭公又接受孔子弟子南宫敬叔的请求，资助孔子“适周问礼”，就是去周朝继续研究礼仪。鲁昭公给了孔子一辆车子、两匹马、一名童仆，随他出发。借着这次“公费游学”的机会，孔子拜访了在周朝担任图书馆馆长的老子。两位圣贤见面，彼此惺惺相惜。告辞时，老子送别他们说：“我听说富贵的人是用财物送人，品德高尚的人是用言辞送人。我不是富贵的人，只能窃用品德高尚的人的名号，用言辞为您送行。这几句话是：‘聪明深察的人常常受到死亡的威胁，那是因为他喜欢议论别人的缘故；博学善辩、识见广大的人常遭困厄危及自身，那是因为他好揭发别人罪恶的缘故。做子女的要忘掉自己而心想父母，做臣下的要忘掉自己而心存君主。'”孔子从周回到鲁国之后，跟从他学习的弟子就渐渐多起来了，名气也愈来愈大，他所创办的“私学”，逐渐成为当时最著名的“综合性大学”。

以上所讲的，大概就是“圣人的青年时代”了。现在我们来看看在《论语》中是怎么记载这段历史的吧。

1.（16.13）陈亢问于伯鱼曰：“子亦有异闻[①]乎？”对曰：“未也。尝[②]独立，鲤趋而过庭。曰：‘学《诗》乎？’对曰：‘未也。’‘不学《诗》，无以言。’鲤退而学《诗》。他日，又独立，鲤趋而过庭。曰：‘学礼乎？’对曰：‘未也。’‘不学礼，无以立。’鲤退而学礼。闻斯二者。”陈亢退而喜曰：“问一得三：闻《诗》，闻礼，又闻君子之远其子也。”

【注释】

①异闻：异于弟子之闻，意思是区别于教授弟子，私下传授伯鱼的知识。

②尝：曾经。

【译文】

陈亢向孔子的儿子伯鱼问道：“您在老师那儿得到与众不同的传授了吗？”答道：“没有。他曾经一个人站在庭中，我恭敬地走过。他问我道：‘学《诗》没有？’我说：‘没有。’他便道：‘不学

《诗》就不懂如何说话。'我退回便学《诗》。过了几天，他又一个人站在庭中，我又恭敬地走过。他问道：'学礼没有？'我答：'没有。'他道：'不学礼，便没有立足社会的依据。'我退回便学礼。只听到这两件。"陈亢回去非常高兴地说："我问一件事，知道了三件事。知道《诗》，知道礼，又知道君子对他儿子的态度（没有私下教授）。"

2.（17.10）子谓伯鱼曰："女[①]为[②]《周南》《召南》[③]矣乎？人而不为《周南》《召南》，其犹[④]正墙面而立[⑤]也与？"

【注释】

①女：通假字，通"汝"，你。

②为：学习。

③《周南》《召南》：《周南》《召南》是《诗经·国风》中的两首诗，可以配乐演唱，经常用于众人合唱。

④犹：像，就像。

⑤正墙面而立：正对着墙壁站立，比喻在离自己最近的地方，却什么也看不见，一步也走不动。

【译文】

孔子对伯鱼说："你学习过《周南》和《召南》吗？一个人如果

不学《周南》和《召南》，那就像正对着墙壁站立着呀！”

3.（11.8）颜渊死，颜路[①]请子之车以为之椁[②]。子曰：“才不才，亦各言其子也。鲤也死，有棺而无椁。吾不徒行[③]以为之椁。以吾从大夫[④]之后，不可徒行也。”

【注释】

①颜路：颜渊的父亲，名无繇，字路，比孔子小六岁，也是孔子的学生。

②椁（guǒ）：古代贵族的棺木至少用两层，里面的一层叫棺，外面的一层叫椁，“内棺外椁”就是这个意思。

③徒行：徒步，步行。

④从大夫：孔子在鲁国曾经做过司寇，是大夫之位。不过此时孔子已经去位多年。他不说“我曾为大夫”，而说“吾从大夫之后”（在大夫行列之后随行的意思），是一种谦逊的口气。

【译文】

颜渊死了，他的父亲颜路请求孔子卖掉车子来替颜渊买外椁。孔子说：“不管有才能或者没有才能，但总是自己的儿子。我的儿子孔鲤死了，也只有内棺，没有外椁。我不能（卖掉车子）步行来替他买椁。因为我也曾做过大夫，是不可以步行的。”

4.(9.6)太宰[1]问于子贡曰："夫子圣者与？何其多能也？"子贡曰："固[2]天纵之将圣，又多能也。"子闻之，曰："太宰知我乎！吾少也贱，故多能鄙事。君子多乎哉？不多也。"

【注释】

①太宰：古代官职名。

②固：固然，本来。

【译文】

太宰向子贡问道："孔老先生是位圣人吗？为什么这样多才多艺呢？"子贡道："这本是上天让他成为圣人，又使他多才多艺。"孔子听到，便道："太宰知道我呀！我小时候穷苦，所以学会了不少鄙贱的技艺。真正的君子会有这样多的技艺吗？是不会的。"

提问 孔子为什么"远其子"呢？能谈谈你的看法吗？

人能弘道，非道弘人

关于孔子的传说非常多，但是最可靠的记载，应该来自于《论语》，因为它是孔子的学生记录的孔子亲口所说的话，是真正的“第一手资料”。因此，要想了解孔子的一生，让我们先来看看《论语》中是怎么记载的，或者说，孔子自己是怎样评价自己的吧。

《论语》中说：“子曰：‘默而识之，学而不厌，诲人不倦，何有于我哉？’”也就是说，把所见所闻都默默地记在心里，努力学习而不厌弃，教导别人而不疲倦，这些事对我来说还比较容易吧。这些话孔子说起来轻巧，好像人人都能做，但还是他的学生子贡了解自己的老师，子贡说：“学不厌，智也；教不倦，仁也。仁且智，夫子即圣也。”不断学习而不知厌倦，是非常有智慧的人才能做到的；教化别人不知疲倦，这是极有仁心的人。两者加在一起，可以称得上圣人了。

孔子还说过：“吾十有五而志于学，三十而立，四十而不惑，五十而知天命，六十而耳顺，七十而从心所欲，不逾矩。”意思是说，我十五岁时，开始有志于学。到三十岁，能坚定自立了。到四十岁，我对一切道理，能通达不再有疑惑。到五十岁，我能知道什么是天命了。到六十岁，凡我听到的一切，都能明白贯通，不再感到与心有违逆。到七十岁，即使放任我心所欲，也不会有逾越规矩法度之处了。

这句话流传非常广，像“而立之年”“年逾不惑”这些大家耳熟能详的说法都来源于这句话。其实，这就是孔子对自己一生的总结。我们现在就来详细讲一讲。

孔子十五岁的时候有志于学，学的是什么呢？学“道”。既不是单纯地学习知识，也不是学习如何谋求高官厚禄，而是如何得道与行道，就是说学习如何做一个有道德的人，如何践行并推广自己所学到的道德。

到了三十岁，而立之年，立什么呢？立于礼，也就是说，将“礼”作为自己的立身之本，所作所为都不逾越礼的范围，即不做任何不合“礼”的事情。

四十不惑，就是说四十岁的时候，已经对一切的知识和道理非常通达，不再感到疑惑了。孔子曾经说过，儒者以一事不知为耻。孔子四十二岁那年，吴国攻打越国，把越国的国都会稽摧毁了，得到一节骨头，有一辆车那么长。吴国派使者来问孔子：“什么骨头最大？”

孔子说：“大禹召集群神到会稽山，防风氏迟到，大禹就把他杀死并陈尸示众，他的骨头一节就有一车长，这就是最大的骨头了。”

吴国的使者又问:“那神又是谁呢?”

孔子说:“山川的神灵能兴云致雨足可造福天下,负责监守山川按时祭祀的就是神。守土地和谷物的就是公侯,他们都隶属于王者。”

吴国使者又问:“防风氏是监守什么的?”

孔子说:“汪罔氏的君长监守封山和禺山一带的祭祀,是釐姓。在虞、夏、商三代叫汪罔,在周叫长翟,现在叫作大人。”

吴国使者问:“那时人的身高有多少?”

孔子回答:“僬侥氏身高三尺,是最矮的了;高的不过三丈,数得上是最高的了。”

吴国使者使尽浑身解数,也没能难倒孔子,不禁连连感慨:“孔子真是了不起的圣人啊!”

至于“五十而知天命,六十而耳顺,七十而从心所欲,不逾矩”,讲的就是常人难以企及的高境界了。孔子曾经说过:“不怨天,不尤人,下学而上达。知我者其天乎。”意思是,我上不埋怨天,下不责备人,只在平常处学,而悟出很精深的道理。知我的,恐怕只有天了!可以说,从十五岁志于学开始,到四十不惑之年,是“下学”的阶段,也就是知识的积累;而五十岁时,开始上达“天道”,也就是“知我者其天乎”的境界,因为知天命,所以不怨天,因为耳顺,所以不尤人;而到了七十岁,心之所想,身之所为,已经没有不符合规矩法度的了,此时的人心与天道已经合二为一,这就是子贡所说的:“他人之贤者,丘陵也,犹可逾也;仲尼,日月也,无得而逾焉。”别人的贤能,好比山丘,再高也是可以逾越的;

而孔子，简直是太阳和月亮，是不可能超越的。

以上就是孔子对自己一生的总结了，有些说法可能现在对我们来说还比较抽象，不过通过阅读这本书中的故事，相信同学们一定会慢慢地、越来越深地理解孔子的。

孔子的一生，做的最重要的两件事，一是兴办私学，传播文化，二是周游列国，推广仁政。

讲到“私学”，就得做一点解释。在夏商周三代，整个中国的文化都是“学在官府”的。所谓“学在官府”，说好听一点是文化教育事业完全由官方负责，说不好听的话就是文化教育完全被统治阶级所垄断。那个时候，老爸是巫师，就把当巫师所需要的技能教给儿子；老爸是史官，儿子日后也要子承父业，继续当史官；老爸是乐师，儿子所受的教育也是奔着日后当乐师去的；若老爸是当官的，那儿子也跟着当官。一个人学什么及将来干什么，几乎完全是由身份决定的。

可是，这种情况到了春秋时代就改变了。随着周平王东迁，旧的社会秩序瓦解了。维持“官学”所必需的稳定社会秩序和官方权威都已丧失了，政府已经没能力继续维持“官学”了。“官学”破产了，一大批昔日在官方任职的文化人士随之“下岗”了。这批文化人下岗后只好到民间去寻找“再就业”的机会。如此一来，原本为贵族阶层所垄断和独享的学术文化也逐渐普及到了民间。于是，民间的“私学”兴起了。尤其是到了春秋末期，鲁国乐师师襄子、郑国学者邓析等人都曾兴办私学，收徒授业。平民子弟通过上这些文化大师创办的“培训班”，也学会了不少文化知识和技能。学习改变命运，相当多的人凭着努力学习，掌握了过硬的本领，一跃从平民变成了“士人”。平民子弟可以凭借着自己的努力上升为士人甚至是国家官员，这有利于消除社会的板结化结构，对提升社会的活力大有裨益。后来，正是由于出现了大量的士人阶层，且他们能够自由流动，所以才出现了中国思想文化史上“百家争鸣”的现象。

在春秋末期的“私学”热中，孔子的表现尤其突出，孔门成了培养人才最多、对后世影响最大的一个教育学术团队。孔子办学，教学内容很广泛，有著名的“礼、乐、射、御、书、数”六艺。这六种本事既有人文学科的道德养成和艺术修养，如礼、乐，亦有当时贵族日常生活所需要的基本技能，如射、御、书、数等。礼是指周礼，是周代贵族在不同场合所应展现出的威仪及各种日常行为规范，学礼的目的是为了养成高贵的品格和气质；乐，不光包括音乐，还涵盖文学、舞蹈等各种艺术，学“乐”是为了提高一个人的文化品位和艺术才华；射指射箭，这是当时贵族阶层的时尚运动，就跟今天的企业高管爱玩高尔夫球差不多。只不过，当时的人学射箭还带有军事训练的效果，平日练习强身健体，战争发生时就可上战场射杀敌人。御是指驾车技术，那时候的学生跟孔子学御，就相当于现在的人去驾校学车考驾照；书是指书写，涵盖识字、阅读、文秘等内容；数是指基本的数学、物理知识，包括怎么记账、怎么丈量土地等。可以说，孔子的私学就是春秋末期最有名的综合性大学，学生跟着孔子学好了，根本不用为“就业”问题发愁。原因很简单，有过硬的本领在身，任何时候都会成为就业市场上的宠儿。

春秋时代，虽然讲门第，讲出身，但真正有本事的人还是会受到重视。孔子的学生在当时就很受欢迎，各诸侯国的政府部门都愿意聘用孔门弟子。比如，孔子的弟子曾西华很有外交才华，鲁国政府就委任他为大使，出使齐国；子贡能言善辩，亦曾出使各国，对春秋末期的政治格局都造成了重要影响；子路、冉有更是成了鲁国执政官季康子的家宰，帮助季康子处理鲁国政事，相当于现在的国务院办公厅主任。其余各地方想聘请孔子的学生去做“县长”“市长”的情形就更多了。比如，子游就做过武城宰，武城是今天的山东费县，武城宰就相当于费县的县长；季康子还想聘请闵子骞做费宰，但遭到了闵子骞的坚决拒绝。请去做高官都不干，由此可见孔子高徒的受欢迎程度及其高贵气节。闵子骞不做费宰，子路就介绍自己的小同学子羔去做，孔子为此还批评子路，说“贼夫人之子”，意思是这是害人家子羔，耽误人家的学业。

孔子收徒弟，遵循“有教无类”的原则，即不分贫富贵贱，只要你愿意学，他就愿意教。孔子还善于根据每个学生的不同特点来加以教育，谓之“因材施教”。正因如此，孔门弟子涌现出了很多优秀人才。司马迁在《史记》中记载，孔子有“弟子盖三千焉，身通六艺者七十有二人”。孔门弟子有人从政，当上了高官；有人经商，发了大财；有人治学，成了名闻诸侯的大学者乃至帝王师。正因为培养出了众多才华横溢的弟子，所以孔子才当之无愧地成为中国历史上最伟大的教育家。另一方面，孔子的学术思想亦依赖于众多高徒不遗余力的传播才得以发扬光大。

我们回过头来继续讲孔子的人生。孔子也曾做官，他在五十岁的时候做鲁国的中都宰，一年后提拔为司空，很快由司空升为司寇，四年后，孔子“代行相事”，全面主持鲁国的行政工作。孔子不愧为圣贤，他主政三个月，鲁国大治：商人不再造假售假，男女老少都好学知礼，甚至出现了路不拾遗的极佳治安局面。

孔子治理鲁国，效果显著。此事传到齐国之后，齐的国君齐景公非常害怕：鲁国强大了，作为邻国的齐国岂不是有被吞并的危险？为了对付鲁国，齐国决定用美女、良马瓦解鲁国君臣的斗志。他们赠给鲁定公“女子好者八十人”“文马三十驷”。鲁定公和鲁国的执政官季桓子在关键时刻经受不住女色和金钱的诱惑。季桓子“受齐女乐，三日不听政”，举行祭祀之后又没按照规定送给高级官员祭肉。孔子没收到应得的祭肉，就知道鲁定公不想再恢复周礼，鲁国也无法再用礼乐精神来治理了。于是，孔子毅然辞职，离开鲁国，从此开始了长达十四年的周游列国岁月。

在周游列国的过程中，孔子每到一个国家都向国君推销“仁政”思想，比如告诉他们要“为政以德”，要用道德感召教化百姓，而不是用严刑峻法惩治百姓，要自己带头遵纪守法、戒奢以俭，而不是对百姓横征暴敛以满足自己的私欲。可惜，各国国君均不肯在自己的国家里实行“仁政”。孔子带领弟子周游列国十四年，虽然没有找到一块“仁政”思想的试验田，但他们在这个过程中宣传了儒家思想，扩大了孔子团队的影响力。另外，在周游列国期间，孔子的“私学”也扩展为一所流动性的国际大学，他的弟子也不再局限于鲁国，而是遍布周游过的各个国家，孔子的招生范围和招生规模都随之扩大了。

周游列国期间，孔子经历了我们难以想象的困难，孔子自己也说过“人能弘道，非道弘人”，也就是说，道不能保护人，要靠人来保护道。道德的宣扬，仁政的普及，礼乐的兴盛，都要有人来担当传承，不断弘扬推广。这个过程是无比艰难、充满危险的。孔子在周游列国的过程中就曾三次蒙难，一次比一次严重。

孔子跟鲁国季平子的家臣阳货长得很像，阳货曾侵犯过匡地（今河南长垣县）百姓。公元前 496 年，孔子经过匡地，匡人误以为是阳货又来了，就将孔子及其弟子围了起来，想要报仇。后来，卫国大夫宁武子出面消除了误会，孔子躲过了这次灾难。被围之际，弟子们都很害怕。但孔子底气十足，他说：“周文王已经死了，周代的礼乐制度不正掌握在我们手中吗？上天如果要毁灭这种制度，就不应该让后死的人学会它。既然上天不想让这种先进文化毁灭，那么，匡地的人又能把我怎么样呢？”（“文王既没，文不在兹乎？天之将丧斯文也，后死者不得与于斯文也；天之未丧斯文也，匡人其如予何？”）

公元前 492 年，孔子到宋国，想游说宋景公。到了宋国境内，孔子见到农夫被驱使做陶俑，这些陶俑为宋国司马桓魋殉葬。当时，桓魋只有三十八岁，就如此劳民伤财，为后事做准备，并且还用人形的陶俑殉葬。孔子很气愤，就说：“始作俑者，其无后乎！”意思是，陶俑太像人了，用这种俑殉葬的人，就该断子绝孙。

孔子的话传到桓魋耳朵里，桓魋很生气，就派兵追杀孔子。据说，孔子和弟子们在一棵大树下讲习礼法时得到了被追杀的消息。弟子们依然很紧张，但孔子十分自信，他对弟子们说："天生德于予，桓魋其如予何？"意思是，我有天命在身，桓魋杀不死我。说完就带领弟子逃走了。桓魋带兵赶到时，发现孔子已走，他就气愤地伐倒了那棵大树——孔子等人曾在其树荫下讲习礼仪。

第三次蒙难就是"陈蔡绝粮"。公元前489年，孔子带领弟子去楚国，走到陈国、蔡国之间，粮食吃光了，他们七天七夜没吃上饭，险些饿死。孔子确实有圣人风范，饿得眼睛都发绿了，依然弦歌之声不绝，保持着高度的乐观主义精神。可是，弟子们就不行了，肚子一挨饿，他们的思想也随之动摇。子路就质疑：老师您天天教我们做君子，君子怎么会被饿成这样？

孔子回答："君子固穷，小人穷斯滥矣。"意思是，君子受穷也能保持风度，小人就受不了穷，一受穷就变得无所不为了。子贡也对孔子说，老师，您的大道是很好，可天下人都不买账，我们是不是得降低一下标准以迁就世人？子贡是个商人，觉得思想道德也可以打折卖。孔子当然不同意，说："今尔不修道而求为容。赐，而志不远矣。"意思是，你现在不好好修道，光想着怎么降低标准，你的志向不够高远呀。

关键时刻，还是颜回力挺老师。他说："夫子之道至大，故天下莫能容。虽然，夫子推而行之，不容何病？不容然后见君子！夫道之不修，是吾丑也。夫道既已大修而不用，是有国者之丑也。不容何病？不容然后见君子！"意思是，老师的道太大了，正因太大才不被当权者接受。但是当权者不接受也不是我们的损失。如果不修道，这是我们的损失，现在我们已经很好地修道了，只是没有人用我们，那受损失的是那些当权者。他们不接受我们的道，恰恰证明我们是真君子。颜回的这个解释深得孔子欢心，孔子说："有是哉颜氏之子，使尔多财，吾为尔宰。"颜回呀，你如果有了钱，我愿意给你做会计，替你管账。

孔子说："岁寒，然后知松柏之后凋也。"人们在经受苦难时的表现有时更能折射出思想境界之高低。孔子蒙难之际依旧从容不迫，不愧是圣人；颜回关于"修道"与能否"为天下容"的解释，发人深省。更关键的是，孔子师徒之间"自足以相乐如此"，很令人羡慕，所以后来苏轼才盛赞："乃今知周公之富贵，有不如夫子之贫贱。"

在六十九岁时，孔子被鲁国召回，做了"国老"，相当于国家特聘的国事顾问。此时，孔子一边在杏坛为弟子讲学，一边删定群经，做文化整理和研究工作。孔子是个"音乐发烧友"，一生喜欢音乐，喜欢诗歌，他搜集各国的民歌民谣，加以筛选删定，编成了《诗经》，此书成为我国最早的一部诗歌总集。

孔子晚年喜欢读《易经》，反复翻阅，以致把系竹简的牛皮绳翻断了好几次。孔子还是当时最有名的历史学家，他晚年编纂了一部名为《春秋》的史书，记载了上至鲁隐公元年（公元前722），下至鲁哀公十四年（公元前481），共242年间的重要事件。孔子在这部著作中使用了一种寓褒贬于记述的写作方法，称为"春秋笔法"。借助于"春秋笔法"，孔子通过写历史来确立人间是非善恶的准则，"别嫌疑，明是非，定犹豫，善善恶恶，贤贤贱不肖"。正因如此，才有"孔子著《春秋》而乱臣贼子惧"之说。

在历史上能留下很大名声的人，一般都是帝王将相，可也有一些人例外，他们生前并不得志，但他们对后世的影响却很大，他们同样会受到后人的尊重和怀念。孔子就是这样的人。他本人孜孜不倦的好学精神、“知其不可而为之”的担当意识以及“仁者爱人”的慈悲情怀一直感召着后人；他留在《论语》中的许多教诲人的话语也深受中国人的喜欢，许多人将此奉为人生信条；孔子的儒家思想在后来更是成为两千多年来的主流价值观。因此，孔子是一个非常了不起的人，是我国历史上最伟大的教育家、思想家。后人为了表达对孔子的尊重，尊称他为“大成至圣先师”。

1.(1.5)子曰：“道①千乘之国②，敬事③而信，节用而爱人，使民以时。”

【注释】

①道：动词，治理的意思。

②千乘之国：乘，shèng，古代用四匹马拉着的兵车。春秋时代，打仗用车子，所以国家的强弱都用车辆的数目来计算。

③敬事：“敬”字一般用于表示工作态度，因此常和“事”字连用。

【译文】

孔子说：“治理具有一千辆兵车的国家，就要严肃认真地对待工作，信实无欺，节约费用，爱护人民，役使老百姓要在农闲时间。”

2.（1.10）子禽[1]问于子贡[2]曰：“夫子[3]至于是邦也，必闻其政，求之与？抑与之与？”子贡曰：“夫子温、良、恭、俭、让以得之。夫子之求之也，其诸[4]异乎人之求之与？”

【注释】

①子禽：陈亢，字子禽。

②子贡：孔子学生，姓端木，名赐，字子贡，卫人，比孔子小三十一岁。

③夫子：这是古代的一种敬称，凡是做过大夫的人，都可以取得这一敬称。孔子曾为鲁国的司寇，所以他的学生称他为夫子，后来因此沿袭以称呼老师。在一定的场合下，也用以特指孔子。

④其诸：或者，表示不肯定的语气。

【译文】

子禽向子贡问道：“我们的老师一到哪个国家，必然听得到那个国家的政事，是他自己求来的呢，还是别人主动告诉他的呢?”子贡道：“老师是靠温和、善良、严肃、节俭、谦逊来取得的。他老人家获得的方法，和别人获得的方法，不相同吧?”

3.(2.1)子曰："为政以德，譬如北辰[1]居其所而众星共[2]之。"

【注释】

①北辰：北极星。

②共：通假字，通"拱"，环抱、环绕。

【译文】

孔子说："用道德来治理国政，自己便会像北极星一般，在自己的位置上，别的星辰都环绕着它。"

4.(2.21)或谓孔子曰："子奚不为政？"子曰："《书》[1]云：'孝乎惟孝，友于兄弟，施[2]于有[3]政。'是亦为政，奚其为为政？"

【注释】

①《书》：指《尚书》。

②施：延及，影响。

③有："有"字无义，加于名词之前，这是古代构词法的一种

形态。

【译文】

有人向孔子问道："你为什么不参与政治?"孔子道："《尚书》上说：'孝呀，只有孝顺父母，友爱兄弟，把这种风气影响到政治上去。'这也就是参与政治了呀，为什么一定要做官才算参与政治呢?"

5.(7.2)子曰："默而识[①]之，学而不厌，诲人不倦，何有于我哉?"

【注释】

①识：zhì，记住。

【译文】

孔子说："(把所见所闻)默默地记在心里，努力学习而不厌弃，教导别人而不疲倦，这些事对我来说还比较容易吧。"

6.(7.3)子曰："德之不修，学之不讲，闻义不能徙，不善不能改，是吾忧也。"

［译文］

孔子说："品德不培养；学问不讲习；听到义在那里，却不能亲身赴之；有缺点不能改正，这些都是我的忧虑啊！"

7.（7.13）子之所慎：齐[1]，战，疾。

［注释］

①齐：同"斋"。古代于祭祀之前，一定先要做一番身心的整洁工作，这一工作便作"斋"或者"斋戒"。

［译文］

孔子小心慎重对待的事有三样：斋戒，战争，疾病。

8.（7.16）子曰："饭疏食[1]饮水[2]，曲肱[3]而枕[4]之，乐亦在其中矣。不义而富且贵，于我如浮云。"

［注释］

①疏食：粗粮，糙米。

②水：冷水。

③肱：gōng，胳膊。

④枕：名词用作动词。

［译文］

孔子说："吃粗粮，喝冷水，弯着胳膊做枕头，也感到很快乐。干不正当的事而得来的富贵，我看来好像浮云。"

9.（7.23）子曰："天生德于予，桓魋[①]其如予何？"

［注释］

①桓魋：魋，tuí。桓魋，宋国的司马向魋，因为是宋桓公的后代，所以又叫桓魋。

［译文］

孔子说："天在我身上生了这样的品德，那桓魋将把我怎样？"

10.（8.13）子曰："笃信[①]好学，守死善道。危邦不入，乱邦不居[②]。天下有道则见[③]，无道则隐。邦有道，贫且贱焉，耻也；邦无道，富且贵焉，耻也。"

【注释】

①笃信：坚定地相信。

②危邦、乱邦：有危险、祸乱的国家。

③见：同“现”，出现。

【译文】

孔子说：“坚定地相信我们的道，努力学习它，誓死保全它。不进入危险的国家，不在祸乱的国家居住。天下太平，就出来工作；不太平，就隐居。政治清明，自己贫贱，是耻辱；政治黑暗，自己富贵，也是耻辱。”

11.（8.14）子曰：“不在其位，不谋其政。”

【译文】

孔子说：“不居于那个职位，便不考虑它的政务。”

12.（9.13）子贡曰：“有美玉于斯，韫椟而藏诸？求善贾①而沽诸？”子曰：“沽之哉！沽之哉！我待贾者也。”

【注释】

①善贾：贾，gǔ，商人。善贾，识货的人。

【译文】

子贡道："这里有一块美玉，把它放在柜子里藏起来呢，还是找一个识货的商人卖掉呢？"孔子道："卖掉，卖掉，我是在等待识货者哩。"

13.（9.28）子曰："岁寒，然后知松柏之后凋[①]也。"

【注释】

①后：同"否"，不。凋：凋零、零落。

【译文】

孔子说："天冷了，才晓得松柏树是不落叶的。"

14.（9.29）子曰："知者不惑，仁者不忧，勇者不惧。"

【译文】

孔子说："聪明人不疑惑，仁德的人经常乐观，勇敢的人无所畏惧。”

15.(12.7)子贡问政。子曰:“足食,足兵[①],民信之矣。”子贡曰:“必不得已而去,于斯三者何先?”曰:“去兵。”子贡曰:“必不得已而去,于斯二者何先?”曰:“去食。自古皆有死,民无信不立。”

【注释】

①兵:兵器,军备。

【译文】

子贡问怎样治理政事。孔子道:“要有充足的粮食,充足的军备,还要百姓对政府有信心。”子贡道:“如果迫于不得已,在粮食、军备和人民的信心三者之中一定要去掉一项,先去掉哪一项?”孔子道:“去掉军备。”子贡道:“如果迫于不得已,在粮食和人民的信心两者之中一定要去掉一项,先去掉哪一项?”孔子道:“去掉粮食。(没有粮食,不过死亡,但)自古以来谁都免不了死亡。如果人民对政府缺乏信心,国家是建立不起来的。”

16.（13.1）子路问政。子曰："先之①劳之。"请益。曰："无倦。"

【注释】

①先：带头。

【译文】

子路问政治。孔子道："自己给百姓带头，然后让他们勤劳地工作。"子路请求多讲一点。孔子又道："永远不要懈怠。"

17.（13.2）仲弓为季氏宰，问政。子曰："先有司，赦小过，举贤才。"曰："焉知贤才而举之？"子曰："举尔所知；尔所不知，人其舍诸？"

【译文】

仲弓做了季氏的总管，向孔子问政治。孔子道："给工作人员带头，不计较人家的小错误，提拔优秀人才。"仲弓问："怎样识别优秀人才并提拔他们呢？"孔子道："提拔你所知道的；那些你所不知道的，别人难道会埋没他吗？"

18.(13.6)子曰:“其身正,不令而行;其身不正,虽令不从。”

［译文］

孔子说:“统治者本身行为正当,不发命令,事情也行得通。他本身行为不正当,纵三令五申,百姓也不会听从。”

19.(13.9)子适卫,冉有仆[①]。子曰:“庶矣哉!”冉有曰:“既庶矣,又何加焉?”曰:“富之。”曰:“既富矣,又何加焉?”曰:“教之。”

［注释］

①仆:动词,驾驭车马。

［译文］

孔子到卫国,冉有替他驾车子。孔子道:“好稠密的人口!”冉有道:“人口已经众多了,又该怎么办呢?”孔子道:“使他们富裕起来。”冉有道:“已经富裕了,又该怎么办呢?”孔子道:“教育他们。”

20.（13.10）子曰：“苟有用我者，期月①而已可也，三年有成。”

【注释】

①期月：期，jī。期月，一年。

【译文】

孔子说：“假若有用我主持国家政事的，一年便差不多了，三年便会很有成绩。”

21.（13.16）叶公问政。子曰：“近者悦，远者来。”

【译文】

叶公问政治。孔子道：“境内的人使他高兴，境外的人使他来投奔。”

22.(13.17)子夏为莒父[①]宰,问政。子曰:“无欲速,无见小利。欲速,则不达;见小利,则大事不成。”

【注释】

①莒父:鲁国之一邑。

【译文】

子夏做了莒父的县长,问政治。孔子道:“不要图快,不要顾小利。图快,反而不能达到目的;顾小利,就办不成大事。”

23.(15.2)在陈绝粮,从者病,莫能兴。子路愠见曰:“君子亦有穷乎?”子曰:“君子固穷,小人穷斯滥矣。”

【译文】

孔子在陈国断绝了粮食,跟随的人都饿病了,爬不起床来。子路很不高兴地来见孔子,说道:“君子也有穷得毫无办法的时候吗?”孔子道:“君子虽然穷,但还是坚持着风度;小人一穷便歇斯底里了。”

24.（15.29）子曰："人能弘道，非道弘人。"

［译文］

孔子说："人能够把道发扬光大，不是用道来弘扬人。"

25.（14.2）子曰："士而怀居[1]，不足以为士矣。"

［注释］

怀居：怀，怀思，留恋；居，安居。

［译文］

孔子说："读书人而留恋安逸，便不配做读书人了。"

提问 你认为孔子是个伟大的人吗？为什么伟大？

知识积累：

形容年龄的成语有哪些？ 同学们在学习和阅读的过程中，经常会遇见一些"成语"，成语有很大一部分是从古代相承沿用下来的，在用词方面往往不同于现代汉语，它代表了一个故事或者典故。 成语是传统文化中一颗璀璨的明珠，可以说，能不能娴熟地掌握和灵活地运用成语，直接体现了一个人的语言和阅读水平。在《论语》中，我们会发现很多成语的来源，同学们如果处处留心，相信你们一定会收获满满。比如今天，你就已经收获了“而立（三十岁）、不惑（四十岁）、耳顺（六十岁）”等这些形容人的年龄的词语了，尝试着将它们运用到自己的作文中去吧。

逝者如斯夫

公元前484年，也就是鲁哀公十一年，孔子结束了十四年的周游列国之行，回到自己的父母之邦鲁国。这时的孔子已经六十八岁，这在平均年龄只有不到四十岁的古代社会，已经算是高寿了。从这时开始，孔子退出了“知其不可而为之”的政治生涯，开始把精力投入到文化的整理工作中，并通过教育传播自己的思想。而继承了孔子思想的弟子，例如冉求、子路、子贡等，都已经成了栋梁之材。

孔子在周游列国期间，四处游说，颠沛流离，甚至几次遇难，生命都面临危险，然而就像孔子自己所说的，“君子固穷，小人穷斯滥矣”，即使在断粮七天七夜的情况下，孔子仍然能弦歌之声不绝，可见他是一个活得很讲究、生活品位很高的人，这一点在生活相对稳定的晚年就更加突出了。《论语》记载，孔子“食不厌精，脍不厌细。食饐而餲，鱼馁而肉败，不食；色恶，不食；臭恶，不食；失饪，不食；不时，不食；割不正，不食；不得其酱，不食。肉虽多，不使胜食气。唯酒无量，不及乱。沽酒市脯不食。不撤姜食，不多食”。从这段话中我们可以看出，孔子吃东西非常讲究，饭菜做得越精致越好。鱼、肉之类的食物一旦腐烂了，他不吃；食物的颜色有所改变，他不吃；食物的气味不对，他不吃；调料不对，他不吃；不按季节、节气上市的东西，他不吃；在烹饪的过程中，食物切割的方法不正确，他不吃；吃肉的数量绝不超过主食；喝酒也绝不喝醉；在市场上随便买的酒肉，他不吃，原因是来路不明，害怕其卫生、选材、烹饪等方面不合格。这么多的“不食”，便是孔子的养生学。“病从口入”，管住了嘴，不乱吃东西，生病的几率当然大大降低。这一条原则至今仍然适用。

可是，接下来的问题是：孔子生活这么讲究，维持他高品质生活的钱来自何方？其实，孔子根本不差钱。孔子创办私学，既培养学者，也培养官员和专业技术人才。在当时，“儒”也是一门礼仪技术，其规模之大，史无前例。如此一来，办学所收学费就是一笔不小的收入。另外，孔子后来做官一直做到鲁国大司寇，年薪很高。史书记载，孔子“南游于楚，从车百乘，积粟万钟，累裀而坐，列鼎而食”。孔子“南游于楚”是他周游列国后期的事，时间在公元前489年至公元前485年之间，孔子当时已年逾六十。

孔子自称“六十而耳顺”，这话应该是真的。孔子一生以“温良恭俭让”的姿态待人接物，修行到六十岁，他见多识广，看到什么，听到什么，都不生气了，心态极其从容淡定。另一方面，到了晚年，孔子所教的许多学生都已成为社会栋梁，他们有的是高官（如冉求），有的是富商（如子贡），有的是知名学者（如子夏）。在孔子那个年代，师生关系比现在要亲近得多，说“师徒如父子”并不算太过分。学生当上“成功人士”之后，自然不能亏待老师。

孔子晚年的生活优裕得很，很可以当得起一个退职的司寇：行则有车代步，衣则“缁衣羔裘，素衣麑裘，黄衣狐裘”；食则“食不厌精，脍不厌细”。

孔子晚年的生活为何会过得如此幸福？答案也很简单：学习。孔子曾经说：“耕也，馁在其中矣；学也，禄在其中矣。”意思是说，你努力耕种，有时还难免遇到天灾，会挨饿；但你若肯坚持不懈地学习，物质生活就一定会有保障。孔子本人的一生也为他的这句话做了一个很好的注解。孔子不是官二代，也不是富二代，而且三岁的时候老爹就死了，完全是一个苦孩子。可是，这个苦孩子爱学好礼，“年十五而有志于学”。经过学习，他确实改变了自己的命运，成了“大成至圣先师”，并在相当程度上奠定了中国文化的基本调式。

孔子卒于哀公十六年，年七十三岁。史书上是这样记载的，有一天早上，孔子起床后，背着手，拿着拐杖，“逍遥于门”，在自己的庭院里很逍遥地散着步，唱着歌：泰山其颓乎！梁木其坏乎！哲人其萎乎！他的学生子贡听出了歌里的弦外之音，连忙一路小跑地来到自己老师身边，孔子见到子贡，就对他说，自己昨天晚上做了一个梦，梦见自己坐在两道门之间被祭奠，大概是要死了。果然，七天之后，孔子去世，葬于鲁城北，他的许多学生把自己的家都搬到附近，为他守墓，甚至渐渐繁衍成一个小城市。

《论语》中有这样一条记载：“子在川上曰：‘逝者如斯夫！不

舍昼夜。'"孔子面对着滔滔的大河,不禁感慨地说:"奔腾不息啊,像这样不分昼夜。"这句话,可以为孔子的一生做一个很好的总结,虽然挫折重重,但是仍然饱满热切,浩大奔涌,不断学习,进德不息,这大概就是至圣先师为我们留下的一笔宝贵的精神财富。

1.(6.23)子曰:"知者乐水,仁者乐山。知者动,仁者静。知者乐,仁者寿。"

【译文】

孔子说:"聪明人乐于水,仁人乐于山。聪明人活动,仁人沉静。聪明人快乐,仁人长寿。"

2.(7.4)子之燕居,申申如①也,夭夭如②也。

【注释】

①申申如:整齐的样子。

②夭夭如:舒和的样子。

【译文】

孔子在家闲居，很整齐的，很和乐而舒展的。

3.（7.19）叶公[1]问孔子于子路，子路不对。子曰："女奚不曰，其为人也，发愤忘食，乐以忘忧，不知老之将至云尔[2]。"

【注释】

①叶：旧音 shè，地名，当时属楚。叶公是叶地方的县长，名沈诸梁，字子高。

②云尔：云，如此；尔同"耳"，而已，罢了。

【译文】

叶公向子路问孔子为人怎么样，子路不回答。孔子对子路道："你为什么不这样说：他的为人，用功便忘记吃饭，快乐便忘记忧愁，不晓得衰老会要到来，如此罢了。"

4.（9.9）子曰："凤鸟不至，河不出图[1]，吾已矣夫！"

【注释】

①凤鸟河图：古代传说，凤凰是一种神鸟，是祥瑞的象征，出现就是表示天下太平。又说，圣人受命，黄河就出现图画。孔子说这几句话，比喻当时天下已无清明之望。

【译文】

孔子说："凤凰不飞来了，黄河也没有图画出来了，我这一生恐怕是完了吧！"

5.(9.17)子在川①上曰："逝②者如斯夫！不舍③昼夜。"

【注释】

①川：大河。

②逝：往。

③舍：休息、停留。

【译文】

孔子在大河边感慨："逝去的时光像河水一样呀！日夜不停地流去。"

6.（14.28）子曰："君子道者三，我无能焉：仁者不忧，知者不惑，勇者不惧。"子贡曰："夫子自道也。"

【译文】

孔子说："君子所行的三件事，我一件也没能做到：仁德的人不忧虑，智慧的人不迷惑，勇敢的人不惧怕。"子贡道："这正是他老人家对自己的叙述啊。"

提问 你怎么看待"学习"这件事在你生活中的意义呢？

知识积累：

春秋时期的饮食

春秋时期的粮食作物有五谷，稷、麦、黍、麻、菽。稷是小米，又叫谷子。稷在古时候是很重要的一种粮食。人们以稷代表谷神，和社神也就是土神合称为社稷，一起放在宗庙中祭祀，所以社稷又是国家的代称，江山社稷就是这个意思。麦指大麦和小麦。黍是一种黏黏的黄米。麻现在已经不太常见了，"把酒话桑麻"指的就是它。菽是指的各种豆类。肉食来说，比较常吃的是羊肉，牛肉只有君主贵族才吃得起。祭祀的时候，使用牛羊豕三牲的，称为太牢，只用羊豕而不用牛的称为少牢。人们吃的糖并不是现在的砂糖，而是麦芽糖，叫作饴。那时的汉民族是不吃乳制品的。

郁郁乎文哉，吾从周

我们已经了解了孔子的一生，可能这时候你会问，孔子自幼好学，终其一生，孜孜不倦，他学的是什么呢？孔子屡次出仕，又周游列国十四年，究竟在给诸侯们讲些什么呢？下面我们就来回答这个问题。

晚年的孔子曾经这样感叹："甚矣，吾衰也！久矣，吾不复梦见周公。"意思是，我衰老得多么厉害呀！我好长时间没再梦见周公了！为什么呢？因为孔子的一生，心心念念，所学，所思，所为，都离不开两个字——"礼乐"，而周公正是制礼作乐的先人。孔子盛赞周朝的礼乐文化，他说："周监于二代，郁郁乎文哉！吾从周。"意思是说，周朝的礼仪制度是以夏商两代为根据制定的，多么绚烂多彩啊，我是主张遵从周朝的。周礼内容包括"礼仪三百，威仪三千"，几乎涵盖了人们生活中的方方面面。周公制定周礼的目的，并不是仅仅是约束人、使人不能作恶，更饱含着让人过上高度艺术化生活的积极愿景。所谓高度艺术化生活，就是要让人们举手投足之间都能展现出内心诚敬、言行优雅的气度，这是一份自信从容、淡定吉祥的美感。有此美感,生活质量和人生境界自然会大幅度提升。

美好的事物难于建立,却易于损毁。周礼也是如此。西周灭亡之后,周平王东迁,中国进入了春秋时代。在一个政局动荡、诸侯争霸的时代,周礼也渐渐被人抛弃了。不遵守周礼的时间长了,人们甚至连周礼是怎么规定的都忘了,这便出现了人们所说的“礼崩乐坏”的现象。

不妨举例说明。鲁文公四年(公元前623),卫国大夫宁武子来鲁国进行外交访问,鲁文公设宴款待他。按周朝礼,宴会之上,主人和客人是要“赋诗”的,所谓“赋诗”,也不是要大家当场写诗,而是要唱诵或演奏诗歌。所唱所奏诗歌,多选自《诗经》(《诗经》是孔子后来编定的诗歌总集,在孔子之前,这些诗歌类似于今人所说的流行歌曲)。可是,跟今人唱卡拉OK纯粹为了娱乐不同,春秋时代的人“赋诗”是要借诗歌含蓄地表情达意的。宾主相见,很多话不用明说,通过“赋诗”就能彼此会意,这叫“诗言志”。因此,孔子才教育他的儿子孔鲤说:“不学《诗》,无以言。”意思是说,不好好把《诗》学会,你出席正式场合就不能很好地与人交流——别人“赋诗”你听不出其中蕴含的意思,不知该如何回答,你说的话又太直白,不得体,没美感。

鲁国是周公的儿子伯禽的封国,自古就是“礼仪之邦”,在春秋时代也算是保存周礼最好的国度,在外交场合当然是要“赋诗”的。于是,鲁文公就让乐工为宁武子“赋诗”两首:《湛露》和《彤弓》。可是,宁武子听了之后,既没说感谢的话,也没“赋诗”

回报。鲁文公感到很奇怪，就让外交人员私下问宁武子。宁武子解释说，我以为你们的乐工是为了修习学业才演奏的这两首乐曲，没想到是为我赋诗。为什么呢？过去诸侯在正月去朝贺周天子，周天子设宴款待他们才演奏《湛露》，用意是表明天子向明而治，诸侯恪尽职守；诸侯奉命去征讨天子讨厌的人，胜利之后向天子献功，周天子会赐给诸侯红色的弓一张、红色的箭一百支，以及黑色的弓和黑色的箭一千支，这个时候才演奏《彤弓》。“今陪臣来继旧好，君辱贶之，其敢干大礼以自取戾？”意思是说，我只是卫国的外交人员，来鲁国是为了继续表明两国之间的友好关系，承蒙君主盛宴款待，哪里还敢僭越大礼来自取罪过？即这两首乐曲都是天子招待诸侯时才能使用的，鲁文公自己才是个诸侯，怎么能用这两首乐曲来招待他国的外交官呢？

看看，人家宁武子不答《湛露》《彤弓》，不是不知礼，而是太知礼，太守礼了。宁武子是春秋时代的贤者，孔子赞扬他说：“宁武子，邦有道则知，邦无道则愚；其知可及也，其愚不可及也。”意思是说，在太平岁月，宁武子的智力水平是一般人可以学到的，但是在乱世之中，宁武子那种于危难之际挺身而出的担当意识则不是一般人可以企及的。从这次外交活动中，我们也可看出宁武子的智慧，鲁文公让乐工演奏的两首乐曲明显越礼，若回应就等于认同了这种僭越之礼，若当场立即指出，则会让鲁文公“很没面子”，下不来台，所以宁武子就装糊涂，不做回应。你来问，人家才向你解释，若不问，可能人家就不解释了。这种“沉默的智慧”，着实高人一等。

从这则小故事中我们还可以看出，到了礼崩乐坏的春秋时代，即便是保持礼乐文化最好的鲁国，其对礼乐文化的研究和理解也很不够了。这充分说明了礼乐在当时被破坏到了何种程度。

另一件事则更能说明春秋时期礼乐文化的荒芜状况。鲁宣公十六年(公元前593)，晋将士会带兵灭掉了赤狄及其余部留吁、铎辰，立了大功。晋侯向周天子请求册封，任命士会做晋国的中军主帅，兼做太傅。不久，周王室发生了内乱，晋侯派士会去协和王室，周定王宴请他。宴会开始，上来的是带骨头的肉块。士会不知道这是怎么回事，就向旁人打听。周定王听到了，就将其召至跟前说："季氏('季'是士会的字)，而弗闻乎？王享有体荐，宴有折俎。公当享，卿当宴，王室之礼也。"意思是说，你没听说过吗？周天子招待公侯用享礼，招待卿用宴礼。这是周王室的典制呀。所谓享礼，就是把杀掉的整个牲畜端上来，称为体荐，宴礼则是端上带骨头的碎肉块，称为折俎。士会也是春秋时期晋国的贤大夫，后人称他为随武子，可他已经做了晋国的正卿(执政官)，仍不了解周王室的典制，可见当时周礼的荒废程度。士会在此次朝见周天子时丢了丑，回到晋国之后下大力气修晋国之法，尽可能地恢复周礼。

跟士会差不多的人物还有鲁国的孟僖子。鲁昭公七年(公元前535)，孟僖子跟随鲁昭公去楚国朝见，途经郑国，郑伯在宫里设宴慰劳鲁昭公。这次外交仪式由孟僖子做"介"(主持仪式的副使)，结果，孟僖子"不能相仪"，主持不了这个仪式。到了楚国，楚国以郊劳之礼招待鲁昭公，孟僖子也不知道该用什么礼仪答谢。孟僖子也是鲁国的贤大夫，可此时他都没能力“相礼”了，可见周礼之不兴到了何等地步。像士会一样，孟僖子也是知耻而后勇，回到鲁国后，凡是听到有懂礼仪的人，他就去请教。临终的时候，他还嘱咐两个儿子一定要做孔子的学生，以弥补自己生前的遗憾。他的两个儿子就是孟懿子和南宫敬叔，后来果然都成了孔子的学生。

至于孔子自己是怎样学习礼乐的，又为什么他会成为大家眼中研究周礼最权威的专家呢？我们来看这样一个小故事吧。孔子曾经向师襄子学习演奏音乐，老师是顶级乐师，学生是以好学著称的孔子，这样的师生组合，想不创造佳话都难。很快，孔子就能把一首曲子演奏得很好了。师襄子对孔子说：“你演奏得不错了，可以换一首曲子了。”孔子却说：“不行，我只会弹这首曲子的旋律，还没有掌握演奏它的技巧。”又弹了好几天，孔子的演奏技巧也炉火纯青了，师襄子对他说：“这首曲子你完全可以演奏了，换一首曲子吧。”孔子说：“不行，我虽然掌握了演奏技巧，但还不领悟作曲者的心意。”后来，孔子又练习了一段时间，曲子当然演奏得就更好了。师襄子再次建议他换曲子，孔子答：“不行。我现在理解了作曲者的心意，但我还不知道作曲者长什么样子。”师襄子只得让孔子继续练习。又过了一段时间，孔子神情俨然，仿佛进到新的境界：时而庄重穆然，若有所思；时而怡然高望，志意深远。最后孔子说：“我知道这个人是谁了：他皮肤深黑，体形颀长，眼光明亮远大，像个统治四方诸侯的王者。若不是周文王，还有谁能作出这首乐曲呢？”师襄子听到之后，对孔子佩服至极，

"避席再拜"，离开自己的座席，对孔子拜了两次，然后说："我的老师也认为这首曲子就是《文王操》。"

通过这段故事，我们发现圣人孔子好像有一双"神奇的耳朵"，他通过一首曲子就能"听"出这首曲子的作者长得什么样，这样的功夫真不是凡人可比的！

中国古人爱用"知音难觅"来相形容友情之难得。"高山流水遇知音"的典故中亦有钟子期神奇的耳朵。俞伯牙善鼓琴，但没几个人能听得懂，但钟子期却能完全听懂他所奏曲子的意境，于是两人成了"知音"，以致钟子期死，俞伯牙不复鼓琴。你说，钟子期的耳朵神奇不神奇？

怎么理解这些神奇的耳朵？耳朵的神奇源自心灵的细腻敏感。孔子一心深入，长时熏修，调动整个身心去倾听、领悟一首乐曲，所以才能"持文王之声，知文王之为人"。经过长期的音乐熏陶，耳朵对声音极其敏感，能体会到声音发出者的任何情感变化。

除了音乐熏陶之外，耳朵的神奇功能可能还与这些贤者清心寡欲的操守德行有关。杂念太多，贪心太重，过多的欲望会遮蔽人的本性，使他们本来拥有的能力发挥不出来。老子也说："五色令人目盲，五音令人耳聋，五味令人口爽；驰骋畋猎令人心发狂；难得之货，令人行妨。"总的意思也是说，过度地享乐会导致人眼耳鼻舌的功能退化。我们不妨以现代人的生活证实之：整天盯着电视看花花绿绿画面的人，视力就会受伤害；整天戴着耳机听摇滚的人，听力就会受到伤害；经常喝酒吃肉的人，味觉就会变得迟钝；经常打猎、杀害动物的人，就容易内心狂躁、焦虑不安；经常贪图财物的人，就容易贪污受贿，触犯法律。这种生命状态，非但耳朵不灵光，其他的感官也会慢慢地变迟钝，发展到最后，整个心灵的感受力和判断力都会大打折扣。古人所说“利欲熏心”“利令智昏”，说的大概就是这种情况吧。一个人，如果心中不存道义，“不守规则”，凡事皆从自己的利害得失考虑，久而久之，其人生境界和智力水平必将大大下降，其生命中本具的“眼观六路、耳听八方”的敏锐才华亦会被其自私自利的欲望所障蔽。所以说，提倡礼乐文化本身，也就是提倡一种中和节制的生活方式。

“物极必反”，看到周朝礼乐文化荒芜到了极点，以孔子为代表的一大批春秋贤者感到非常痛心，立志要恢复周礼。这一点，大概就像今天努力弘扬优秀传统文化差不多。同时，春秋后期的一些人也有学习周礼的心理需求——经过一段痛苦的社会转型之后，人们总是要寻找安稳身心的文化力量。在这种情况下，孔子横空出世了。他是礼乐文化的集大成者——不仅全面地掌握了周礼的种种仪式，而且还与古为新，从周朝的礼乐文化中提炼出“仁”的思想。孔子通过周游列国和兴办私学，广泛地传播了“仁”的理念，最终成了儒家思想的大宗师。

1.（3.14）子曰：“周监于二代①，郁郁乎文哉！吾从周。”

【注释】

①二代：指夏朝和商朝。

【译文】

孔子说："周朝的礼乐制度是以夏商两代为根据制定的，多么丰富多彩的典章制度、礼乐文章啊，我是主张遵从周朝的。"

2.(13.3)子路曰："卫君待子而为政，子将奚先？"

子曰："必也正名[①]乎？"

子路曰："有是哉，子之迂也！奚其正？"

子曰："野哉，由也！君子于其所不知，盖阙如也。名不正，则言不顺；言不顺，则事不成；事不成，则礼乐不兴；礼乐不兴，则刑罚不中；刑罚不中，则民无所错[②]手足。故君子名之必可言也，言之必可行也。君子于其言，无所苟而已矣。"

【注释】

①正名：纠正名分上的用词不当。

②错，同"措"，安置。

【译文】

子路对孔子说："卫君等着您去治理国政，您准备首先干什么？"孔子道："那一定是纠正名分吧！"子路道："您的迂腐竟到如此地步吗！这又何必纠正?”孔子道:“你怎么这样鲁莽！君子对于他所不懂的,大概采取保留态度。用词不当,言语就不能顺理成章;言语不顺理成章,工作就不可能搞好;工作搞不好,国家的礼乐制度也就举办不起来;礼乐制度举办不起来,刑罚也就不会得当;刑罚不得当,百姓就会(惶惶不安)连手脚都不晓得摆在哪里才好。所以君子用一个词,一定可以说得出来;而顺理成章的话也一定行得通。君子对于措辞说话要没有一点马虎的地方才可以。”

3.(2.3)子曰:“道[1]之以政,齐之以刑,民免[2]而无耻;道之以德,齐之以礼,有耻且格[3]。”

【注释】

①道:引导。

②免:免罪、免刑、免祸。

③格:亲近、归服、向往。

【译文】

孔子说:“用政令来引导他们,使用刑罚来约束他们,人民只是暂时地免于罪过,却没有廉耻之心。如果用道德来引导他们,使用礼教来约束他们,人民不但有廉耻之心,而且人心归服。”

4.（3.10）子曰："禘[①]自既灌而往者，吾不欲观之矣。"

【注释】

①禘：禘礼是指古代一种极为隆重的大祭之礼，只有天子才能举行。不过周成王曾因为周公旦对周朝有过莫大的功勋，特许他举行禘祭。以后鲁国之君都沿此惯例，"僭"用这一禘礼，因此孔子不想看。

【译文】

孔子说："禘祭的礼，从第一次献酒以后，我就不想看了。"

5.（3.11）或问禘之说。子曰："不知也[①]；知其说者之于天下也，其如示[②]诸斯乎！"指其掌。

【注释】

①不知也：禘是天子之礼，鲁国举行，在孔子看来，是完全不应该的。但孔子又不想明白指出，只得说"不欲观""不知也"。

②示：同"置"，摆、放的意义。

【译文】

有人向孔子请教关于禘祭的理论。孔子说："我不知道；知道的人对于治理天下，会好像把东西摆在这里一样容易吧！"一面说，一面指着手掌。

6.（3.12）祭如在，祭神如神在。子曰："吾不与[①]祭，如不祭。"

【注释】

①与：yù，参与。

【译文】

孔子祭祀祖先的时候，便好像祖先真在那里；祭神的时候，便好像神真在那里。孔子又说："我若是不能亲自参加祭祀，是不请别人代理的。"

7.（3.15）子入太庙[①]，每事问。或曰："孰谓鄹人之子[②]知礼乎？入太庙，每事问。"子闻之，曰："是礼也。"

【注释】

①太庙：古代开国之君叫太祖，太祖之庙便叫作太庙，周公旦是鲁国最初受封之君，因之这太庙就是周公的庙。

②鄹人之子：鄹，zōu。鄹人指孔子父亲叔梁纥。叔梁纥曾经做过鄹大夫，古代经常把某地的大夫称为某人，这里也把鄹大夫叔梁纥称为“鄹人”。

【译文】

孔子到了周公庙，每件事情都发问。有人便说：“谁说叔梁纥的这个儿子懂得礼呢？他到了太庙，每件事都要向别人请教。”孔子听到了这话，便道：“这正是礼呀。”

8.（3.17）子贡欲去[①]告朔之饩羊[②]。子曰：“赐也！尔爱[③]其羊，我爱其礼。”

【注释】

①去：丢弃。

②告朔饩羊：告，gù。朔，农历每月的第一天，即初一。饩，xì。“告朔饩羊”，指祭祀祖庙用的活羊。

③爱：可惜。

【译文】

子贡要把鲁国每月初一告祭祖庙的那只活羊去而不用。孔子道："赐呀，你可惜那只羊，我可惜那种礼。"

9.（3.23）子语[①]鲁大师[②]乐，曰："乐其可知也：始作，翕如[③]也；从[④]之，纯如[⑤]也，皦如[⑥]也，绎如也，以成。"

［注释］

①语：yù，告诉。

②大师：大，tài，乐官之长。

③翕：xī，翕如，相合的样子。

④从：zòng。

⑤纯如：和谐的样子。

⑥皦：jiǎo，皦如，分明的样子。

［译文］

孔子把演奏音乐的道理告诉给鲁国的太师，说道："音乐，那是可以晓得的：开始演奏，翕翕地热烈；继续下去，纯纯地和谐，皦皦地清晰，绎绎地不绝。这样，然后完成。"

10.(3.25)子谓《韶》[1]，“尽美矣，又尽善[2]也”。谓《武》[3]，“尽美矣，未尽善也”。

【注释】

①《韶》：舜时的乐曲名。

②美、善：美指声音，善指内容。舜的天子之位是由尧“禅让”而来，故孔子认为“尽善”。周武王的天子之位是由讨伐商纣而来，尽管是正义战，依孔子意，却认为“未尽善”。

③《武》：周武王时乐曲名。

【译文】

孔子论到《韶》，说：“美极了，而且好极了。”论到《武》，说：“美极了，却还不够好。”

11.(3.26)子曰：“居上不宽，为礼不敬，临丧不哀，吾何以观之哉？”

【译文】

孔子说：“居于统治地位不宽宏大量，行礼的时候不严肃认真，参加丧礼的时候不悲哀，这种样子我怎么看得下去呢？”

12.（4.13）子曰：“能以礼让为国乎？何有[1]？不能以礼让为国，如礼何[2]？”

【注释】

①何有：有何困难的意思。

②如礼何：依孔子的意见，国家的礼仪必有其“以礼让为国”的本质，它是内容和形式的统一体。如果舍弃它的内容，徒拘守那些仪节上的形式，是没有什么作用的。

【译文】

孔子说：“能够用礼让来治理国家吗？这有什么困难呢？如果不能用礼让来治理国家，又怎样来对待礼仪呢？”

13.（7.14）子在齐闻《韶》，三月不知肉味，曰：“不图为乐之至于斯也。”

［译文］

孔子在齐国听到《韶》的乐章，很长时间尝不出肉味，于是说："想不到欣赏音乐竟到了这种境界。"

14.（7.32）子与人歌而善，必使反之，而后和之。

［译文］

孔子同别人一道唱歌，如果唱得好，一定请他再唱一遍，然后自己再和一遍。

15.（8.2）子曰："恭而无礼则劳①，慎而无礼则葸②，勇而无礼则乱，直而无礼则绞③。君子笃于亲，则民兴于仁；故旧不遗，则民不偷④。"

［注释］

①礼：这里指的是礼的本质。

②葸：xǐ，胆怯，害怕。

③绞：尖刻刺人。

④偷：淡薄，这里指人与人的感情而言。

［译文］

孔子说："注重容貌态度的端庄，却不知礼，就会劳倦；只知谨慎，却不知礼，就会懦弱；专凭敢作敢为的胆量，却不知礼，就会盲动闯祸；心直口快，却不知礼，就会尖刻刺人。在上位的人能用深厚感情对待亲族，老百姓就会走向仁德；在上位的人不遗弃他的老同事、老朋友，老百姓就不会对人冷淡无情。"

16.（8.15）子曰："师挚之始[①]，《关雎》之乱[②]，洋洋乎盈耳哉！"

［注释］

①师挚之始："始"是乐曲的开端，古代奏乐，开始叫作"升歌"，一般由太师演奏。师挚是鲁国的太师，名挚，由他演奏，所以说"师挚之始"。

②《关雎》之乱："始"是乐的开端，"乱"是乐的结束。由"始"到"乱"，叫作"一成"。"乱"是"合乐"，犹如今日的合唱。当合奏之时，奏《关雎》的乐章，所以说"《关雎》之乱"。

［译文］

孔子说："当太师挚开始演奏的时候，当结尾演奏《关雎》之曲的时候，满耳朵都是音乐呀！"

17.（9.3）子曰："麻冕，礼也；今也纯，俭，吾从众。拜下，礼也；今拜乎上，泰也。虽违众，吾从下。"

［译文］

孔子说："礼帽用麻料是合于传统的礼的；现在都用丝料，这样省俭些，我同意大家的做法。臣见君，先在堂下磕头，升堂后又磕头，这是合于传统的礼的。现在大家都免除了堂下的磕头，只升堂后磕头，这是傲慢的表现。虽然违反大家，我仍然主张要先在堂下磕头。

18.（9.12）子疾病，子路使门人为臣。病间，曰："久矣哉，由之行诈也！无臣而为有臣。吾谁欺？欺天乎！且予与其死于臣之手也，无宁死于二三子之手乎！且予纵不得大葬，予死于道路乎？"

［译文］

孔子病得厉害，子路便命孔子的学生组织治丧处。很久以后，孔子的病渐渐好了，就道："仲由干这种欺假的勾当竟太长久了呀！我本不该有治丧的组织，却一定要使人组织治丧处。我欺哄谁呢？欺哄上天吗？我与其死在治丧的人的手里，宁肯死在你们学生们的手里，不还好些吗？即使不能热热闹闹地办理丧葬，我会死在路上无人安葬吗？”

19.(9.15)子曰：“吾自卫反鲁①，然后乐正，《雅》《颂》各得其所②。”

【注释】

①自卫反鲁：事在鲁哀公十一年冬。

②《雅》《颂》各得其所：“雅”和“颂”一方面是《诗经》内容分类的类名，一方面也是乐曲分类的类名。

【译文】

孔子说：“我从卫国回到鲁国，才把音乐(的篇章)整理出来，使《雅》归《雅》，《颂》归《颂》，各有适当的安置。”

20.(10.1)孔子于乡党，恂恂①如也，似不能言者。其在宗庙朝廷，便便②言，唯谨尔。

【注释】

①恂恂：xún，恭顺。

②便便：pián，流畅。

【译文】

孔子在本乡的地方上非常恭顺，好像不能说话的样子。他在宗庙里、朝廷上，有话便明白而流畅地说出，只是说得很少。

21.（10.2）朝，与下大夫言，侃侃如也；与上大夫言，訚訚如[①]也。君在，踧踖如[②]也，与与如也。

【注释】

①訚訚如，正直而恭敬的样子。

②踧踖如，恭敬而不安的样子。

【译文】

上朝的时候，（君主还没有到来），同下大夫说话，温和而快乐的样子；同上大夫说话，正直而恭敬的样子。君主已经来了，恭敬而心中不安的样子，行步安详的样子。

22.（10.3）君召使摈，色勃如也，足躩如[①]也。揖所与立，左右手，衣前后，襜[②]如也。趋进[③]，翼如也。宾退，必复命曰：“宾不顾矣。”

【注释】

①躩如：快步行走。

②襜：整齐之貌。

③趋进，快步向前。

【译文】

鲁君召他去接待外国的贵宾，面色矜持庄重，脚步也快起来。向两旁的人作揖，或者向左拱手，或者向右拱手，衣裳一俯一仰，却很整齐。快步向前，好像鸟儿舒展了翅膀。贵宾辞别后一定向君主回报说：“客人已经不回头了。”

23.（10.4）入公门，鞠躬如[①]也，如不容。立不中门，行不履阈。过位[②]，色勃如也，足躩如也，其言似不足者。摄齐[③]升堂，鞠躬如也，屏气似不息者。出，降一等，逞颜色，怡怡如也。没阶，趋进，翼如也。复其位，踧踖如也。

【注释】

①鞠躬如，谨慎之貌。

②过位，位是指人君的座位，过位，指经过人君的座位之时。

③摄齐，提起衣服的下摆。齐，zī，衣服的下摆。

【译文】

孔子走进朝廷的门，害怕而谨慎的样子，好像没有容身之地。站，不站在门的中间；走，不踩门坎。经过国君的座位，面色便矜庄，脚步也快，言语也好像中气不足。提起衣服下摆向堂上走，恭敬谨慎的样子，憋住气好像不呼吸一般。走出来，降下台阶一级，面色便放松，怡然自得。走完了台阶，快快地向前走几步，好像鸟儿舒展翅膀。回到自己的位置，恭敬而内心不安的样子。

24.（10.5）执圭[①]，鞠躬如也，如不胜[②]。上如揖，下如授。勃如战色，足蹜蹜如有循[③]。享礼[④]，有容色。私觌[⑤]，愉愉如也。

【注释】

①圭：一种玉器，上圆，或者作剑头形，下方，举行典礼的时候，君臣都拿着。

②胜：shēng，能担负得了。

③足蹜蹜如有循：蹜蹜，举脚密而狭的样子。如有循，好像沿

循着（窄狭的东西）。

④享礼：古代出使外国，初到所聘问的国家，便行聘问礼。“执圭”一段所写的正是行聘问礼时孔子的情貌。聘问之后，便行享献之礼。“享礼”就是享献礼，使臣把所带来的各种礼物罗列满庭。

⑤觌：dí，相见。

［译文］

（孔子出使到外国，举行典礼）拿着圭，恭敬谨慎地，好像举不起来。向上举好像在作揖，向下拿好像在交给别人。面色矜庄好像在作战。脚步也紧凑狭窄，好像在沿着（一条线）走过。献礼物的时候，满脸和气。用私人身份和外国君臣会见，显得轻松愉快。

25.（10.6）君子不以绀緅①饰，红紫不以为亵服②。当暑，袗絺绤③，必表而出之。缁衣④羔裘⑤；素衣麑裘⑥；黄衣狐裘。亵裘长，短右袂⑦。必有寝衣，长一身有半。狐貉之厚以居⑧。去丧，无所不佩。非帷裳⑨，必杀⑩之。羔裘玄冠不以吊。吉月，必朝服而朝。

［注释］

①绀緅：绀（gàn），深青透红，斋戒时服装的颜色；緅（zōu），

黑中透红，丧服的颜色。

②亵服：平时在家穿的衣服。

③袗絺绤：袗（zhěn），单衣；絺（chī），细葛布；绤（xì），粗葛布。这里是说，穿粗的或细的葛布单衣。

④缁衣：黑色的衣服。

⑤羔裘：羔皮衣。

⑥麑裘：ní，鹿皮衣。

⑦袂：袖子。

⑧居：坐。

⑨帷裳：上朝和祭祀时穿的礼服

⑩杀：裁减。

［译文］

君子不用天青色和铁灰色作镶边，浅红色和紫色不用来作平常居家的衣服。暑天，穿着粗的或者细的葛布单衣，但一定裹着衬衫，使它露在外面。黑色的衣配紫羔，白色的衣配麑裘，黄色的衣配狐裘。居家的皮袄身材较长，可是右边的袖子要做得短些。睡觉一定有小被，长度合本人身长的一又二分之一。用狐貉皮的厚毛作坐垫。丧服满了以后，什么东西都可以佩带。不是（上朝和祭祀穿的）用整幅布做的裙子，一定裁去一些布。紫羔和黑色礼帽都不穿戴着去吊丧。大年初一，一定穿着上朝的礼服去朝贺。

26.（10.7）齐[1]，必有明衣，布。齐必变食，居必迁坐[2]。

【注释】

①齐，同"斋"。

②迁坐，改变住所。

【译文】

斋戒沐浴的时候，一定有浴衣，用布做的。斋戒的时候，一定改变平常的饮食；居住也一定搬移地方。

27.（10.8）食不厌精，脍不厌细。食饐而餲[1]，鱼馁[2]而肉败，不食。色恶，不食。臭恶，不食。失饪，不食。不时，不食。割不正，不食。不得其酱，不食。肉虽多，不使胜食气[3]。唯酒无量，不及乱。沽酒市脯不食。不撤姜食，不多食。

【注释】

①饐而餲：食物过期变味。

②馁：něi，鱼腐烂叫馁，肉腐烂叫败。

③食气：主食。

【译文】

粮食不嫌舂得精，鱼和肉不嫌切得细。粮食霉烂发臭，鱼和肉腐烂，都不吃。食物颜色难看，不吃。气味难闻，不吃。烹调不当，不吃。不到该吃饭的时候，不吃。不是按一定方法砍割的肉，不吃。没有一定调味的酱醋，不吃。席上肉虽然多，吃它不超过主食。

只有酒不限量，却不至饮醉。买来的酒和肉干不吃。吃完了，姜不撤除，但吃得不多。

28.（10.9）祭于公，不宿肉[①]。祭肉[②]不出三日。出三日，不食之矣。

【注释】

①不宿肉：古代的大夫、士都有助君祭祀之礼。天子诸侯的祭礼，当天清早宰杀牲畜，然后举行祭典。第二天又祭，叫作“绎祭”。绎祭之后才令各人拿自己带来助祭的肉回去，或者又依贵贱等级分别颁赐祭肉。这样，祭于公的肉，在未颁下来以前，至少是放了一两宵了，因之不能再存放一夜。

②祭肉：这一祭肉或者指自己家中的，或者指朋友送来的，都

可以。

【译文】

参与国家祭祀典礼，不把祭肉留到第二天。别的祭肉留存不超过三天。若是存放过了三天，便不吃了。

29.（10.10）食不语，寝不言。

【译文】

吃饭的时候不交谈，睡觉的时候不说话。

30.（10.11）虽疏食菜羹，瓜祭，必齐如也。

【译文】

虽然是糙米饭小菜汤，也一定得先祭一祭，而且祭的时候还一定恭恭敬敬，好像斋戒了的一样。

31.（10.12）席不正，不坐。

【译文】

座席摆的方向不合礼制，不坐。

32.（10.13）乡人饮酒，杖者出，斯出矣。

【译文】

行乡饮酒礼后，要等老年人都出去了，自己这才出去。

33.（10.14）乡人傩①，朝服而立于阼阶②。

【注释】

①傩：nuó，古代一种迎神驱鬼的祭祀舞蹈。

②阼阶：东边的台阶，主人所立之位。

【译文】

本地方人迎神驱鬼，穿着朝服站在东边的台阶上。

34.（10.15）问[1]人于他邦，再拜[2]而送之。

【注释】

①问：问讯，问好。

②拜：拱手并弯腰。

【译文】

托人给在外国的朋友问好送礼，便向受托者拜两次送行。

35.（10.18）君赐食，必正席先尝之。君赐腥，必熟而荐[1]之。君赐生，必畜之。

侍食于君，君祭，先饭。

【注释】

①荐：进奉。这里进奉的对象是自己的祖先，但不能看为祭祀。

【译文】

国君赐以熟食，孔子一定摆正座位先尝一尝。国君赐以生肉，一定煮熟了，先（给祖宗）进供。国君赐以活物，一定养着它。同国君一道吃饭，当他举行饭前祭礼的时候，自己先吃饭（不吃菜）。

36.（10.19）疾，君视之，东首①，加朝服，拖绅②。

【注释】

①东首：指孔子病中仍旧卧床而言。

②加朝服，拖绅：孔子卧病在床，自不能穿朝服，只能盖在身上。绅是束在腰间的大带。束了以后，仍有一节垂下来。

【译文】

孔子病了，国君来探问，他便脑袋朝东，把上朝的礼服披在身上，拖着大带。

37.（10.20）君命召，不俟驾行矣。

［译文］

国君呼唤，孔子不等待车辆驾好马，立即先步行。

38.（10.23）朋友之馈，虽车马，非祭肉，不拜。

［译文］

朋友的赠品，即使是车马，只要不是祭肉，孔子在接受的时候，不行礼。

39.（10.24）寝不尸，居不客。

［译文］

孔子睡觉不像死尸一样（直躺着），平日坐着，也不像接见客人或者自己做客人一样（跪着两膝在席上）。

40.（10.25）见齐衰者，虽狎，必变。见冕者与瞽者，虽亵，必以貌。凶服者式[①]之。式负版[②]者。有盛馔，必变色而作。迅雷风烈必变。

［注释］

①式，同“轼”，古代车前的横木叫轼，这里用作动词，用手伏着轼。

②版：国家图籍。

［译文］

孔子看见穿齐衰孝服的人，即使是极亲密的，也一定改变态度（表示同情）。看见戴着礼帽和瞎了眼睛的人，即使常相见，也一定有礼貌。在车中遇着拿了送死人衣物的人，便把身体微微地向前一俯，手伏着车前的横木（表示同情）。遇见背负国家图籍的人，也手伏车前横木。一有丰富的菜肴，一定神色变动，站立起来。遇见疾雷、大风，一定改变态度。

41.（10.26）升车，必正立，执绥。车中，不内顾，不疾言，不亲指。

［译文］

孔子上车，一定先端正地站好，拉着扶手带（登车）。在车中，不向内回顾，不很快地说话，不用手指指画画。

42.（14.41）子曰："上好礼，则民易使也。"

［译文］

孔子说："在上位的人若遇事依礼而行，就容易使百姓听从指挥。"

43.（15.42）师冕[①]见，及阶，子曰："阶也。"及席，子曰："席也。"皆坐，子告之曰："某在斯，某在斯。"师冕出。子张问曰："与师言之道与？"子曰："然；固相师之道也。"

［注释］

①师冕：师，乐师，冕，人名。古代乐官一般用盲人充当。

［译文］

师冕来见孔子，走到阶沿，孔子道："这是台阶啦。"走到座席旁，孔子道："这是座席啦。"都坐定了，孔子告诉他说："某人在这里，某人在这里。"师冕辞别出来。子张问道："同盲人这样讲话也是道吗？"孔子道："对的，这本来就是帮助盲人的道啊。"

44.（16.2）孔子曰："天下有道，则礼乐征伐自天子出；天下无道，则礼乐征伐自诸侯出。自诸侯出，盖十世希不失矣；自大夫出，五世希不失矣；陪臣执国命，三世希不失矣[1]。天下有道，则政不在大夫。天下有道，则庶人不议。"

【译文】

孔子说："天下太平，制礼作乐以及出兵都决定于天子；天下昏乱，制礼作乐以及出兵便决定于诸侯。决定于诸侯，大概传到十代，很少还有能继续的；决定于大夫，传到五代，很少还有能继续的；若是大夫的家臣把持国家政权，传到三代很少还能继续的。天下太平，国家的最高政治权力就不会掌握在大夫之手。天下太平，老百姓就不会议论纷纷。"

提问　你认为自己是个懂礼貌的孩子吗？你认为生活中有哪些必须遵守的礼仪呢？

吾道一以贯之

一天,孔子和学生们聚在一起谈天说地,突然说了一句:"参乎! 吾道一以贯之。"意思是曾参啊,我的学问可以用一个观念贯穿起来。曾子也不含糊,立刻说:"是啊!"孔子走后,同学们都围住曾子问,你和老师在说什么啊?

曾子不愧为孔子的得意门生,他很从容地回答:"老师的意思是,他的学问,归根到底,就是忠、恕两个字而已啊。"

什么是"忠"呢? 用《论语》中的话说就是"己欲立而立人,己欲达而达人",自己想要有所建树,也要想到帮助别人有所建树,自己想要被人理解,要先去理解别人。"恕"就是"己所不欲,勿施于人",自己不喜欢的事情,也不要强加在别人身上。忠与恕是孔子精神的核心所在,其实这两个字还可以合为一个,就是"仁"。

那什么是"仁"呢? 孔子究竟是怎么说的呢? 其实,通读整本《论语》,我们也不会找到一个关于仁的精确定义。那我们怎么来理解"仁"呢? 这就涉及一个如何阅读《论语》的问题。

阅读《论语》,不仅要学会倾听和理解孔子怎样说,还要观察和体会他怎样做。《论语》中记载了大量孔子日常生活中非常细微的言行举止,其实就反映了他的弟子对孔子行为的学习和体会。例如"子食于有丧者之侧,未尝饱也",孔子在死了亲属的人旁边吃饭,从来不曾吃饱过。子"见齐衰、瞽者,虽童子必变"。孔子看见穿丧服的人以及瞎了眼睛的人,相见的时候,他们即使比孔子年少,孔子也一定站起来。

"厩焚。子退朝,曰:'伤人乎?'不问马。"孔子的马棚失了火。孔子从朝廷回来,只问伤人了没有,并不问马。马匹在春秋时期是非常贵重的财产,孔子只问伤人乎,体现的就是他爱人的仁者之心,并不在乎财物的损失。这许许多多的细节累加起来,就让一个仁爱有加的孔子渐渐立体起来,这比我们泛泛而谈什么是仁要生动具体得多了。

除了自己身体力行以外,孔子对如何传授"仁"也有自己独特的心得。他从来不空泛地讲解,也不一概而论,而是针对每个向他请教的人都提出具体而微的意见。比如颜回提问,孔子的回答是:"克己复礼为仁。一日克己复礼,天下归仁焉。为仁由己,而由人乎哉?"颜再问:"请问其目。"孔子回答:"非礼勿视,非礼勿听,非礼勿言,非礼勿动。"因为颜回的道德水准最高,相应的,孔子对他的要求也就高;子贡也问同样的问题,孔子回答:"工欲善其事,必先利其器。居是邦也,事其大夫之贤者,友其士之仁者。"子贡是儒商,能赚钱,有外交才华,经常在不同的国家活动。针对他的这些特点,孔子就教诲到他到一个国家去,就跟那个国家的贤大夫学习，同时与有仁德的士人做朋友；等冉雍“问仁”时，孔子的回答又变了：“出门如见大宾，使民如承大祭。己所不欲，勿施于人。在邦无怨，在家无怨。”冉雍也是孔子一流的学生，所以孔子也把最核心的东西直接告诉了他。最有趣的是司马牛“问仁”，孔子的回答竟然是：“仁者，其言也讱。”“讱”就是“有话慢慢说”，不要急躁的意思，原来司马牛这个人“多言而躁”，所以孔子才教他“讱”，不要太急躁。司马牛可能也被孔子的这个回答弄糊涂了，就又问：“其言也讱，斯谓之仁已乎?”意思是，说话慢一点就算仁了吗？孔子回答：“为之难，言之得无讱乎?”事情做起来不容易，说话的时候慢一点，考虑到要言行一致不是很应该的吗？你看，孔子教司马牛说话慢点，其核心不在说话速度之快慢，而在“出言谨慎”，说话之前就要先考虑到日后的兑现。子张“问仁”，孔子告诉他要做到“恭、宽、信、敏、惠”五条，并说“恭则不侮，宽则得众，信则人任焉，敏则有功，惠则足以使人”。子张是孔子的优秀学生，有艺术气质，“宽冲博接，从容自务”，但不拘小节，忽视“礼”，言行有时不合规矩，门人因此对其“不敬”。针对子张的这一特点，孔子将仁分解成“谦恭、宽厚、诚信、勤敏、惠人”五种品格，让子张对照去做，针对性极强。

所以，一个真正的仁者，仁体现在他的一言一行中，同样，仁政能否实施，也体现在统治者的言行之中。季子“八佾舞于庭”，孔子离开了鲁国，卫灵公与雍渠同载，孔子离开了卫国，这些发生在孔子与诸侯之间的小故事我们今后都会讲到，这里要说的是，孔子之所以因为这些看似不起眼的小事就离开这个国家，并不是孔子心胸狭窄,计较小节,而是他见微知著,一叶落而知秋,看到这些言行,自然就能明白统治者并没有仁心,那又何谈推行仁政呢?

孔子生活的春秋时期,周王朝的权威已经丧失,礼乐文化遭到了遗弃,最典型的表现就是很多诸侯已经"知仪不知礼",就是只会做表面功夫,而不理会礼乐文化的本质。比如说,鲁昭公五年(公元前537),鲁昭公去晋国朝拜晋平公。从郊劳(晋国在郊外举行的欢迎仪式)直至馈赠等所有的外交仪式,鲁昭公都做得非常到位。晋平公不禁对鲁昭公刮目相看,他对晋国大夫女叔齐说:"鲁国国君不是很知礼吗?"

不料,女叔齐却不认可晋平公的说法。他说,鲁昭公擅长的只是仪式,而不是周礼,"是仪也,不可谓礼"。女叔齐解释说:"礼所以守其国,行其政令,无失其民者也。今政令在家,不能取也。……公室四分,民食于他。思莫在公,不图其终。为国君,难将及身,不恤其所。礼之本末将于此乎在,而屑屑焉习仪以亟。言善于礼,不亦远乎?"这段话的意思是:礼是用来守卫国家、执行政令、不失去百姓的东西。现在,鲁国国君的大权旁落到了士大夫的手中。鲁国公室被季孙氏、叔孙氏、孟孙氏三大政治家族分成了四份。由于大权旁落,老百姓现在都不怎么关注国君的处境了。身为国君,祸难就快降临到自己身上了,还不赶紧想办法解决,却还在琐琐屑屑地学习礼仪。这哪里算得上是知礼呢?

女叔齐的说法一语中的,"礼"的核心精神绝对不是掌握各种"仪式"的细节,而是要通过"礼"达到协调人事关系、巩固政权、安定世道人心的目的。以此考量，鲁昭公确实是不知礼的。《史记》记载“昭公年十九，犹有童心”，“居丧意不在戚而有喜色”，可以说，他是一个情商很低的人。正是在鲁昭公五年，季孙氏、叔孙氏、孟孙氏三大政治家族将鲁国分成四大“股份”，其中，季孙氏占两股，叔孙氏和孟孙氏各占一股，形成了“三桓专权”的局面（因季孙氏、叔孙氏、孟孙氏三家都是鲁桓公的后代，故称“三桓”）。后来，鲁昭公于公元前517年联合一些与季孙氏结怨的贵族攻打季孙氏，试图收回大权。结果，季孙氏、叔孙氏、孟孙氏三家联手，打败了鲁昭公的部队，并将鲁昭公驱逐出国。其后，鲁昭公多次图谋返国，均失败，最后只能客死他乡。

鲁昭公知“仪”而不知“礼”，他熟悉外交礼节，却在治国上犯错，这就叫“小事明白，大事糊涂”。作为一国之君，若不能很好地治理国家，而只是把精力用在学习外交仪式上，那无疑是舍本逐末的做法。

需要说明的是，像鲁昭公这样对待文化的人从来就不在少数。他们简单地以为，礼就是出席各种场合懂规矩，不丢份儿，乐就是有点音乐才艺，能演奏乐器，会唱歌。其实，这些想法是非常肤浅的。孔子就感慨地说：“礼云礼云，玉帛云乎哉？乐云乐云，钟鼓云乎哉？”意思是，礼难道就仅仅是指用来送礼的玉和帛吗？音乐难道就是会撞钟会敲鼓吗？玉帛只是用来表达敬意的礼物，不是礼本身，礼的核心精神是“敬”，用现在的说法就是要“心存敬畏”。钟鼓是乐器，不是音乐本身，音乐的核心理念是“和”，即协调各种关系，使之和谐、优美。这才是礼乐文化的实质。若不把握这个精髓，学礼也好，学乐也罢，就难免学成鲁昭公那样，光知道学“术”，不懂得悟“道”。

同样，孔子一生奔走、试图恢复的礼乐文化，实际上就是以“仁”为核心的治国之道，以仁为政，方可安顿天下百姓。至于什么是仁政，我们会在后面的小故事中具体地讲述。现在就先看一下论语中是怎样谈论“仁”的吧。

1.（1.3）子曰：“巧[①]言令[②]色，鲜矣仁！”

【注释】

①巧：好的。

②令：善的。

【译文】

孔子说：“满口说着讨人喜欢的话，满脸装着讨人喜欢的面色，那样的人仁心就很少了。”

2.（4.1）子曰：“里[①]仁为美。择不处[②]仁，焉得知[③]？”

【注释】

①里：居住。

②处：chǔ，居住。

③知：通假字，通“智”。

【译文】

孔子说：“住的地方，要有仁德之人才好。选择没有仁德之人的地方居住，怎么能算有智慧呢？”

3.（4.2）子曰：“不仁者不可以久处约，不可以长处乐。仁者安仁，知者利仁。”

【译文】

孔子说：“不仁的人不可以长久地居于穷困中，也不可以长久地居于安乐中。有仁德的人安于仁（实行仁德便心安，不实行仁德心便不安）；有智慧的利用仁（他认识到仁德对他长远而巨大的利益，他便实行仁德）。”

4.（4.3）子曰：“唯仁者能好[①]人，能恶[②]人。”

【注释】

①好：动词，喜爱，喜好。

②恶：动词，厌恶。

【译文】

孔子说："只有仁人才能够喜爱某人，厌恶某人。"

5.（4.4）子曰："苟志于仁矣，无恶也。"

【译文】

孔子说："假如立定志向实行仁德，总没有坏处。"

6.（4.5）子曰："富与贵，是[1]人之所欲也；不以其道得之，不处也。贫与贱，是人之所恶也；不以其道得之，不去也。君子去仁，恶乎[2]成名？君子无终食之间违[3]仁，造次必于是，颠沛必于是。"

【注释】

①是：代词，这。

②恶乎：恶，wū，何处。“恶乎”指“于何处”，意译为“怎样”。

③违：离开。

【译文】

孔子说：“发财做官是人人所盼望的；不用正当的方法得到它，君子不接受。穷困和下贱是人人所厌恶的；不用正当的方法抛掉它，君子不摆脱。君子抛弃了仁德，怎样去成就他的声名呢？君子没有吃完一餐饭的时间离开仁德，就是在仓促匆忙的时候一定和仁德同在，就是在颠沛流离的时候一定和仁德同在。”

7.（6.26）宰我问曰：“仁者，虽告之曰，‘井有仁[①]焉。’其从之也？”子曰：“何为其然也？君子可逝[②]也，不可陷也；可欺[③]也，不可罔[④]也。”

【注释】

①仁：形容词做名词用，指“仁人”。

②逝：离开。

③欺：欺骗。

④罔：愚弄。

【译文】

宰我问道：“有仁德的人，就是告诉他：‘井里掉下一位仁人啦。'他是不是会跟着下去呢？"孔子道："你为什么要这样做呢？君子可以叫他远远走开，不再回来，却不可以陷害他；可以欺骗他，却不可以愚弄他。"

8.（11.12）季路问事鬼神。子曰："未能事人，焉能事鬼？"曰："敢问死。"曰："未知生，焉知死？"

［译文］

子路问服侍鬼神的方法。孔子道："活人还不能服侍，怎么能去服侍死人？"子路又道："我大胆地请问死是怎么回事。"孔子道："生的道理还没有弄明白，怎么能够懂得死？"

9.（7.10）子于是日哭，则不歌。

［译文］

孔子在这一天哭泣过，就不再唱歌。

10.(7.27)子钓而不纲[①],弋[②]不射宿[③]。

［注释］

①纲:网上的大绳叫纲,用它来横断水流,这里的纲是名词用作动词。

②弋:yì,用带生丝的矢来射。

③宿:歇宿,这里动词当名词用,指歇宿了的鸟。

［译文］

孔子钓鱼,不用大绳横断流水来取鱼;用带生丝的箭射鸟,不射归巢的鸟。

11.(7.30)子曰:“仁远乎哉?我欲仁,斯仁至矣。”

［译文］

孔子道:“仁德难道离我们很远吗?我要它,它就来了。”

12.（12.1）颜渊问仁。子曰："克[①]己复礼为仁。一日克己复礼，天下归[②]仁焉。为仁由己，而由人乎哉？"颜渊曰："请问其目。"子曰："非礼勿视，非礼勿听，非礼勿言，非礼勿动。"颜渊曰："回虽不敏，请事斯语矣。"

【注释】

①克：克制。

②归：称许，称赞。

【译文】

颜渊问仁德。孔子道："抑制自己，使言语行动都合于礼，就是仁。一旦做到了，天下人都会称许你是仁人。实践仁德，全凭自己，还凭别人吗？"颜渊道："请问行动的纲领。"孔子道："不合礼的事不看，不合礼的话不听，不合礼的话不说，不合礼的事不做。"

颜渊道："我虽然迟钝，也要实行您所说的话。"

13.（12.2）仲弓问仁。子曰："出门如见大宾，使民如承大祭。己所不欲，勿施于人。在邦[①]无怨，在家[②]无怨。"仲弓曰："雍虽不敏，请事斯语矣。"

【注释】

①在邦：出仕诸侯。

②在家：出仕卿大夫，为人家臣。

【译文】

仲弓问仁德。孔子道："出门好像去接待贵宾，役使百姓好像去承当大祀典（都得严肃认真，小心谨慎）。自己不喜欢的，就不强加于别人。出仕诸侯没有怨恨，出仕卿大夫也没有怨恨。"仲弓道："我虽然迟钝，也要实行您所说的话。"

14.（12.3）司马牛[①]问仁。子曰："仁者，其言也讱。"曰："其言也讱，斯谓之仁已乎？"子曰："为之难，言之得无讱乎？"

【注释】

①司马牛：司马耕，字子牛，多言而躁。孔子的答语是针对问者的缺点而说的。

【译文】

司马牛问仁德。孔子道："仁人，他的言语迟钝。"司马牛道："言语迟钝，这就叫作仁了吗？"孔子道："做起来不容易，说话能够不迟钝吗？"

15.（13.19）樊迟问仁。子曰："居处恭，执事敬，与人忠。虽之[1]夷狄，不可弃也。"

【注释】

①之：动词，到。

【译文】

樊迟问仁。孔子道："平日容貌态度端正庄严，工作严肃认真，对别人忠心诚意。有这几种品德，即使到夷狄之邦去，也是不能废弃的。"

16.（13.27）子曰："刚、毅、木、讷近仁。"

【译文】

孔子说："刚强、果决、朴质而言语不轻易出口，有这四种品德的人近于仁德。"

17.(15.3)子曰:“赐也,女以予为多学而识[①]之者与?”对曰:“然,非与?”曰:“非也,予一以贯之。”

【注释】

①识:默记。

【译文】

孔子道:“赐!你以为我是多多地学习又能够记得住的吗?”子贡答道:“对呀,难道不是这样吗?”孔子道:“不是的,我有一个基本观念来贯串它。”

18.(15.33)子曰:“知及之[①],仁不能守之;虽[②]得之,必失之。知及之,仁能守之。不庄以莅之,则民不敬。知及之,仁能守之,庄以莅之,动之不以礼,未善也。”

【注释】

①之:代词,指代治民之道。

②虽:即使。

【译文】

孔子说："聪明才智足以得到它，仁德不能保持它；就是得到，一定会丧失。聪明才智足以得到它，仁德能保持它，不用严肃的态度来治理百姓，百姓也不会认真（地生活和工作）。聪明才智足以得到它，仁德能保持它，能用严肃的态度来治理百姓，假若不合理合法地动员百姓，还是不够好。"

19.（15.36）子曰："当仁，不让于师。"

【译文】

孔子说："面临着仁德，就是老师，也不同他谦让。"

20.（3.3）子曰："人而不仁，如礼何？人而不仁，如乐何？"

【译文】

孔子说："做了人，却不仁，怎样来运用礼仪制度呢？做了人，却不仁，怎样来运用音乐呢？"

提问 你是怎么理解孔子所说的“仁”的？能结合生活中的例子讲一讲吗？

第二章：孔门学子

孔门第一弟子颜回

弹剑而歌的子路

「瑚琏之器」子贡

「锦上添花」的冉有

孔门学风：可敬的老师，可爱的学生

孔门第一弟子颜回

大家都知道,孔子是历史上最好的老师,那么,谁又是这个老师最好的学生呢?《论语》中有这样一条记载:"德行:颜渊,闵子骞,冉伯牛,仲弓。言语:宰我,子贡。政事:冉有,季路。文学:子游,子夏。"也就是说,跟随孔子学习,主要有德行、言语、政事、文学四门功课,这四门功课中,以德行最为重要,而德行最好的,就是颜渊了。

《孔子家语》中记载,孔子"北游于农山",子路、子贡、颜回三人陪同。孔子让三个弟子谈谈各自的想法(愿望)。子路说:"我希望有这样一个机会,白色的指挥旗子像月亮,红色的战旗像太阳,钟鼓之声响彻云霄,数不清的旌旗在大地上挥舞。我带领着一队人马进攻敌人,一战就使敌人溃退千里。我拔去敌人的旗帜,割下敌人的耳朵,建立卓越的军功。这样的事情只有我能做得到,您就让子贡和颜回跟着我混吧!"

孔子赞叹说:"真勇敢呀!"

子贡接着说:"在齐国和楚国两个大国即将交战的广阔平原

上，两军的营垒遥遥相望，两军战马扬起的飞尘遮蔽了天空，两军士兵马上就要交战了。在这种情况下，我穿戴白色衣帽，以使者的身份奔走两国之间，劝说他们权衡利害，停止交战。这样的事只有我能做得到，您就让子路和颜回跟着我混吧。”

孔子赞叹说：“好口才呀！”

该轮到颜回谈想法了，但颜回后退不语。

孔子问颜回：“为什么只有你没有想法呢？”

颜回回答：“文武两方面的事，子路和子贡都已经说过了，我还能说什么呢？”孔子勉励道：“反正就是各人说各自的想法，你就说说吧。”

颜回说：“我听说香薰草和臭莸草不能藏在同一个容器之中，贤君尧和暴君桀也不能共同治理一个国家，因为他们压根就不是同一类人。我只希望得到明王圣主来治理国家，用仁德礼乐来教化人民，使老百姓不用再修筑城墙，也不用再挖护城河。没有了战争，剑戟之类的武器改铸为农具，广阔的平原不再用作战场，而是改为牧场，放牧牛马。这样，妻子不再为远离家乡的丈夫担忧，人民也就不再承受战争的痛苦；这样，子路也就没有机会施展他的勇敢了，子贡也没机会施展他的良好口才了。”

孔子赞叹：“这种德行是多么美好呀！”

子路追问：“老师，那您选择哪种呢？”

孔子说：“不耗费财物，不危害百姓，也不费太多的言辞，还是颜回的想法最好呀。”

孔子为什么说颜回的想法最好？很简单，颜回所希求的只有世界和平和人民安乐,而没有考虑自己个人的功名利禄。无论是子路想凭勇敢在战场上建立卓越的功勋,还是子贡想靠超人口才创造外交奇迹,二人的着眼点都是自己如何创建功业,他们的心中还都有强烈的“我执”,即要凸显自己的与众不同。他们这种英雄主义情结不能说不好,但与颜回的“无我”境界相比,毕竟要低很多。

颜回曾说:“愿无伐善,无施劳。”意思是不想夸耀自己的优点,也不愿凸显自己的功劳。佛家讲:不为自己求安乐,但愿众生得离苦。颜回的境界与此相似,他一方面能甘于清贫,甘于寂寞,另一方面又祈愿和平,希望所有人都能过上美好的生活。有这种发心和襟怀,岂不令人感动?也唯有这样的发心和襟怀,才与“孔门第一弟子”的地位相配。

颜回是孔子最赏识的学生,孔子曾说:“贤哉,回也!一箪食,一瓢饮,在陋巷,人不堪其忧,回也不改其乐。”意思是颜回安贫乐道,即便在极其贫苦的情况下,也乐于学道且能体会学道之乐。孔子还表扬颜回“闻一以知十”“不迁怒,不贰过”。这些都是极高的标准,一般人在学习上能“举一反三”就很不错了,人家颜回能“闻一以知十”,如此触类旁通,当然是第一流的好学生。更难得的是,他“不迁怒”,负面情绪到自己这里为止,绝不让自己成为负面情绪的传输带。“不贰过”,就是错误不重犯,知道错了,立马就改,绝对不犯第二次,这更是一条极高的标准。

其实,颜回之所以成为孔门第一弟子,与他的好学之德是分不开的。孔子好学,自诩“好学不厌,诲人不倦”。在这一点上,颜回与孔子最为相契。孔门以培养君子士人为任，而好学正是成德的第一步，这里的学并不仅仅是知识和技能的学习，更是自我的丰富和不断发展。所以说，孔子颜回虽为师生，亦堪称知己。

颜回死时，孔子已经七十岁。最得意的弟子早逝，晚年的孔子异常悲伤，“子哭之恸”，说“天丧予，天丧予”。意思是，老天爷这是要我的命啊，老天爷这是要我的命啊！别的弟子劝孔子，说：“老师您也别太悲伤了，节哀顺变吧。”孔子回答：“非夫人之为恸而谁为？”意思是，我不为颜回悲伤我还能为谁悲伤呢？后来，鲁哀公问孔子：“弟子孰为好学？”孔子回答：“有颜回者好学，不迁怒，不贰过。不幸短命死矣，今也则亡，未闻好学者也。”可以看出，孔子之所以器重颜回，就是要把他作为道统的继承人来培养的。颜回早逝，是对晚年孔子的一次极重大的精神打击，孔子觉得自己的“接班人”被上天夺走了。

有意思的是，孔子虽然伤心至极，却极力反对厚葬颜回。颜回的父亲颜路请求孔子把车卖掉，以给颜回买椁（外棺）。孔子拒绝了颜路，他说：“无论有没有才能，都是儿子，我的儿子伯鱼死的时候，也只是用棺盛殓的，没有使用椁。我不能卖了车为颜回买椁。我以前做过士大夫，出行是不能没有车的。”

孔门其他弟子又要厚葬颜回，孔子也反对，说：“不可。”但这次弟子们没听老师的话，还是厚葬了颜回。孔子很生气，说：“颜回生前对待我像对待父亲一样，但我却不能在他死后像对待儿子一样。厚葬颜回不是我的意思，是你们非要这么干的。”

我们不禁要问：孔子为什么反对厚葬颜回？原因很简单，孔子虽然内心十分悲伤，但他不会因自己的感情而僭越礼制。按周礼规定，葬礼的级别要与死者的身份相配。士大夫死后才可有棺有椁，颜渊并未做官，不是士大夫，故不该越礼厚葬。另一方面，颜回生前一直安贫乐道，按其本人的一贯作风，他也肯定不愿死后越礼厚葬。孔门弟子们厚葬颜回，于同学感情而言可以理解，但于礼制而言则有所违背。反观孔子在颜回死后的一系列表现，我们可以看出孔夫子做事的良好分寸感。他虽悲痛异常，但并未丧失理智，亦不肯逾越礼法（当时的社会规范）。其实，若颜回有知，恐怕也会赞同老师的做法的。

做人要有理智，不能感情用事，即便在极度悲伤的情况下，也要有所克制，不能由着性子而不顾及社会规范。这个道理并不深奥，但能真正做到这一点却相当不易。

1.（2.9）子曰："吾与回言终日，不违，如愚。退而省其私，亦足以发，回也不愚。"

【译文】

孔子说："我整天和颜回讲学，他从不提反对意见和疑问，像个蠢人。等他退回去自己研究，却也能发挥，可见颜回并不愚蠢。"

2.（11.23）子畏于匡，颜渊后。子曰：“吾以女为死矣！”曰：“子在，回何敢死！”

【译文】

孔子在匡地遇到危险之后（弟子们走散了），颜渊最后才来。孔子道：“我以为你是死了。”颜渊道：“您还活着，我怎么敢死呢？”

3.（11.4）子曰：“回也非助我者也，于吾言无所不说。”

【译文】

孔子说：“颜回不是对我有所帮助的人，他对我的话没有不喜欢的。”

4.（7.11）子谓颜渊曰：“用之则行，舍之则藏，惟我与尔有是夫！”

【译文】

孔子对颜渊道："用我呢，就干起来；不用呢，就藏起来。只有我和你才能这样吧！"

5.（6.3）哀公问："弟子孰为好学？"孔子对曰："有颜回者好学，不迁怒，不贰过，不幸短命死矣，今也则亡，未闻好学者也。"

【译文】

鲁哀公问："你的学生中，哪个好学？"孔子答道："有一个叫颜回的人好学，不把愤怒发泄到别人身上；也不再犯同样的过失。不幸短命死了，现在再没有这样的人了，再也没听过好学的人了。"

6.（6.7）子曰："回也，其心三月不违仁，其余则日月至焉而已矣。"

【译文】

孔子说："颜回呀，他的心长久地不离开仁德，别的学生嘛，只是偶然想起一下罢了。”

7.(6.11)子曰：“贤哉，回也！一箪①食，一瓢饮，在陋巷，人不堪其忧，回也不改其乐。贤哉，回也！”

【注释】

①箪：dān，古代盛饭的竹器，圆形。

【译文】

孔子说：“颜回多么有修养呀，一碗饭，一瓢水，住在小巷子里，别人都受不了那穷苦的忧愁，颜回却不改变他的快乐。颜回多么有修养呀！”

8.(9.20)子曰：“语之而不惰者，其回也与！”

【译文】

孔子说：“听我说话始终不懈怠的，大概只有颜回一个人吧！”

9.(9.21)子谓颜渊,曰:“惜乎!吾见其进也,未见其止也。”

［译文］

孔子谈到颜渊,说道:“可惜呀(他死了)!我只看见他不断地进步,从没看见他停留。”

10.(5.26)颜渊季路侍。子曰:“盍各言尔志?”子路曰:“愿车马衣轻裘与朋友共,敝之而无憾。”颜渊曰:“愿无伐善,无施劳。”子路曰:“愿闻子之志。”子曰:“老者安之,朋友信之,少者怀之。”

［译文］

孔子坐着,颜渊、季路两人站在孔子身边。孔子道:“何不各自说说自己的志向?”子路道:“愿意把我的车马衣服同朋友共同使用,坏了也没有什么不满。”颜渊道:“愿意不夸耀自己的好处,不表白自己的功劳。”子路向孔子道:“希望听到您的志向。”

孔子道:“(我的志向是)老者使他安逸,朋友使他信任我,年青人使他怀念我。”

11.(9.11)颜渊喟然叹曰:“仰之弥高,钻之弥坚。瞻之在前,忽焉在后。夫子循循然善诱人,博我以文,约我以礼,欲罢不能。既竭吾才,如有所立卓尔。虽欲从之,末由也已。”

［译文］

颜渊感叹着说:“老师之道,越抬头看,越觉得高;越用力钻研,越觉得深。看看,似乎在前面,忽然又到后面去了。(虽然这样高深和不容易捉摸,可是)老师善于有步骤地诱导我们,用各种文献来丰富我的知识,又用一定的礼节来约束我的行为,使我想停止学习都不可能。我已经用尽我的才力,似乎能够独立地工作。要想再向前迈进一步,又不知怎样着手了。”

12.(5.9)子谓子贡曰:“女与[①]回也孰愈?”对曰:“赐也何敢望回?回也闻一以知十,赐也闻一以知二。”子曰:“弗如也;吾与[②]女弗如也。”

［注释］

①与：连词，和。

②与：赞同。

［译文］

孔子对子贡道："你和颜回，哪一个强些？"子贡答道："我怎敢和颜回相比？他听到一件事，可以推演知道十件事；我听到一件事，只能推知两件事。"孔子道："赶不上他；我同意你的话，是赶不上他。"

提问 为什么说好学是一种可贵的品德呢？谈谈你的看法。

弹剑而歌的子路

子路小孔子九岁，是孔子第一批弟子中的一员。他武功高，性子直，为人豪爽侠义，但也有些粗鲁、教条。《史记》记载："子路性鄙，好勇力，志伉直，冠雄鸡，佩豭豚，陵暴孔子。孔子设礼稍诱子路，子路后儒服委质，因门人请为弟子。"通过这段记载，我们大体可以判定，子路原本是个赳赳武夫，有点不良青年的范儿。头戴雄鸡式的帽子，佩戴着公猪皮装饰的宝剑，完全是个"古惑仔"，甚至还曾经欺凌过孔子。可是孔子看中了他善良侠义的本质，用礼乐慢慢地诱导他。后来，子路就穿上儒服，带着拜师的礼物，通过孔子学生的引荐，请求作孔子的学生。子路这样的人，一旦"服了"某个人，就一定会忠心耿耿，甚至以命相许。孔子曾经说过："道不行，乘桴浮于海。从我者，其由与?"意思是说我的主张行不通了，就坐个木筏子飘荡到海外去，跟随我的恐怕只有仲由（子路）吧！子路听了这话，也高兴得很。

孔子周游列国时，子路几乎全程追随，不但极尽弟子之礼，而且事实上成了孔子的私人保镖。比如，孔子带领弟子离开卫国到陈国，走到匡地，被当地人给围困了起来。原来，鲁国的权臣阳货曾欺凌过匡地百姓，而孔子又长得像阳货，所以匡地人就把孔子当作阳货给围了起来。

被围之际，门人弟子心生恐惧，孔子安慰大家："文王既没，文不在兹乎？天之将丧斯文也，后死者不得与于斯文也？天之未丧斯文也，匡人其如予何？"意思是，我孔子是秉承天命、保持斯文不丧之人，只要上天不想让斯文丧尽，匡人就不会把我们怎么样。孔子做完"思想政治工作"之后，用什么方法解围呢？子路出场了，"子路弹剑而歌，孔子和之，曲三终，匡人解围"。这段记载耐心寻味，难道孔子和子路二人高歌三首，匡人就心满意足地"解围"了？这符合常理吗？显然不符合。匡地解围的关键是子路"弹剑而歌"，"歌"甚至也不是最重要的，"弹剑"才是重点。为啥？子路的"弹剑而歌"其实是一种威慑，是一种"军事演习"，是在向对方炫耀武力。你们不是想攻击我们吗？那好，先看看我的武功吧？看了之后，你们也好估算一下胜算几何？

结果就是"匡人解围"。

从这里，我们不但能看出子路武功之高，还可看出他身上的侠气，甚至是江湖气。

孔子表扬子路："由也好勇过我。"意思是子路比孔子还要勇猛。孔子还说："片言可以折狱者，其由也与。"只听单方面言辞就可以决断案子的，恐怕只有仲由吧！这是说子路正直，法官判案子，原告、被告两面的话都要听，但对子路来说不用，因为子路向来说话算数，从不说假话，听他一面之词就可断案了。

鲁哀公十四年（公元前482年），小邾国的大夫射带着他的封地句绎来投奔鲁国，他说：“我不用与鲁国盟誓，只要让你们鲁国的子路跟我有个约定就可以了。”鲁国就叫子路去与射约定，但子路不去。

鲁国的执政官季康子让冉有转告子路：“射不相信鲁国的盟誓，却相信你的话，你去约定又有什么耻辱呢？”

子路回答：“若要让我与小邾国作战，我战死城下都可以。但是，射本是小邾国的大夫，却不守臣道，背叛小邾国，让我跟这样的人约定，我仲由做不到。”

乱世之中，子路不仅自己恪守君臣之道，而且从心底里就对背叛君臣之义的人充满鄙视，其言出必行和疾恶如仇的侠士风范跃然纸上。

子路的侠气其实也是孔子及其团队所体现出的侠气。生逢乱世，孔子奔走于各诸侯国之间，若没点侠气和江湖手段，如何应对得了？不客气地说，在那样一个乱世，如果孔子只有“温柔敦厚”一个面相，那他早就脑袋搬家了。实际上，孔子带着他的弟子周游列国，弟子之中，既有道德楷模（如颜回、闵子骞），又有富商巨贾（如子贡），还有武功高手（如子路）。这样一个团队，要文能文，要武能武，这才能应对政治上和江湖上的各种凶险。

孔子这个老师是非常了解自己学生的，孔子早就说过：“若由也，不得其死然。”意思是，以子路的性格，恐怕会不得善终啊。果然孔子不幸言中。

当初，卫灵公有位宠姬叫作南子。灵公的太子蒉聩曾得罪过她，害怕被谋杀就逃往国外。等到卫灵公去世，夫人南子想让公子郢继承王位。公子郢不肯接受，说："太子虽然逃亡了，太子的儿子辄还在。"于是卫国立了辄为国君，这就是卫出公。卫出公继位十二年，他的父亲蒉聩一直留在国外，不能够回来。这时子路担任卫国大夫孔悝采邑的长官。蒉聩就和孔悝一同作乱，想办法带人潜入孔悝家，和他的党徒去袭击卫出公。卫出公逃往鲁国，蒉聩进宫继位，这就是卫庄公。

当孔悝作乱时，子路有事在外，听到这个消息就立刻赶回来。孔子的另一个学生子羔从卫国城门出来，正好相遇，对子路说："卫出公逃走了，城门已经关闭，您可以回去了，不要为他遭受祸殃。"

子路说："吃着人家的粮食就不能回避人家的灾难。"

结果子羔离开了，而子路却进了城。子路找到蒉聩，蒉聩和孔悝都躲在高台之上。子路说："大王为什么要任用孔悝呢？请让我捉住他杀了。"蒉聩不听从他的劝说。于是子路要放火烧台，蒉聩害怕了，于是叫石乞、壶黡到台下去攻打子路，斩断了子路的帽带。子路说："君子可以死，帽子不能掉下来。"说完系好帽子就死了。

卫国发生内乱，本来不关鲁国什么事。但是，内乱发生之后，身在鲁国的孔子立马说："柴也其来，由也死矣！"孔子所说的"柴"就是弟子子羔，"由"就是子路。子路忠于卫出公，要以一己之力驱逐蒯聩和孔悝，果然战死。子羔就与子路不同，卫国发生内乱时，他本在城里，但他没有去挑战蒯聩和孔悝，而是想方设法逃出去。

逃离也并不是一帆风顺。他走到城门的时候，城门已经关闭。看见城门关闭，子羔心里凉了半截。但转机很快出现。守城的是一个刖足之人，这个人认识子羔。原来，此人曾经犯罪，子羔审案，判他受了刖足之刑。刖足之后，他就被发配来守城门。他对子羔说，城墙的某个地方还有个小门，你可以从那里逃出去。子羔感到奇怪，就问这个刖足之人："你的脚是被我判刑砍掉的，现在正是你报仇的好时机，你为何不报仇，反而救我？"刖足之人说："刖足是因为我犯罪，那是无可奈何的事。你判我刖足之刑，是你的本分。可是，当判刑完成之时，我看见你面露不忍之色，伤心之情溢于言表。这就是今天我帮助你逃离的原因。"

子羔是孔门弟子，心怀仁义，判别人刖足之刑时动了恻隐之心。这份恻隐之心，在他判案时完全是自然而然的真情流露，但对那个刖足之人而言，这是他在遭受人生重大苦难之际的一份难得的心灵慰藉。他没有对子羔心怀怨恨，反而充满感激。所以，他才愿意在子羔出逃之际出手相救。一念善心，有时不仅可以帮助别人，关键时刻甚至能救自己的命。子路与子由的故事，不正是性格决定命运的最好注解吗？

1.(2.17)子曰："由！诲女知之乎！知之为知之，不知为不知，是知也。"

【译文】

孔子说："由！教给你如何对待知或不知吧！知道就是知道，不知道就是不知道，这就是聪明智慧。"

2.(9.27)子曰："衣[①]敝缊[②]袍，与衣狐貉者立，而不耻者，其由也与？'不忮不求，何用不臧？'"子路终身诵之。子曰："是道也，何足以臧[③]？"

【注释】

①衣：名词作动词，穿。

②缊：yùn，旧絮。

③臧：善。

【译文】

孔子说道："穿着破烂的棉袍和穿着狐貉裘的人一起站着，却不觉得惭愧的，恐怕只有仲由罢！《诗经》上说：'不嫉妒，不贪求，为什么不会好？'"子路听了，便老念着这两句诗。孔子又道："仅仅这个样子，怎样能够好得起来？"

3.（11.15）子曰："由之瑟[①]奚为于丘之门？"门人不敬子路。子曰："由也升堂矣，未入于室[②]也。"

【注释】

①瑟：sè，古代的乐器，和琴同类。这里孔子不是不高兴子路弹瑟，而是不高兴他所弹的音调。

②升堂、入室：比喻。"堂"是正厅，"室"是内室。先入门，次升堂，最后入室，表示做学问的几个阶段。

【译文】

孔子道："仲由弹瑟，为什么来我这里弹呢？"因此孔子的学生们瞧不起子路。孔子道："由么，学问已经不错了，只是还不够精深罢了。"

4.（12.12）子曰："片言可以折狱者[①]，其由也与？"子路无宿诺。

［注释］

①片言、折狱：片言，单方面言辞；折狱，判决。

［译文］

孔子说："根据一方面的语言就可以判决案件的，大概只有仲由吧！"子路从不拖延承诺过的事情。

5.(17.8)子曰："由也！女闻六言六蔽矣乎？"对曰："未也。""居！吾语女。好仁不好学，其蔽也愚；好知不好学，其蔽也荡；好信不好学，其蔽也贼；好直不好学，其蔽也绞；好勇不好学，其蔽也乱；好刚不好学，其蔽也狂。"

［译文］

孔子说："仲由，你听过有六种品德便会有六种弊病吗？"子路答道："没有。"

孔子道："坐下！我告诉你。爱仁德，却不爱学问，那种弊病就是容易被人愚弄；爱耍聪明，却不爱学问，那种弊病就是放荡而无基础；爱诚实，却不爱学问，那种弊病就是[容易被人利用，反而]害了自己；爱直率，却不爱学问，那种弊病就是说话尖刻，刺痛人心；爱勇敢，却不爱学问，那种弊病就是捣乱闯祸；爱刚强，却不爱学问，那种弊病就是胆大妄为。"

6.（5.14）子路有闻，未之能行，唯恐有[①]闻。

【注释】

①有：同“又”。

【译文】

子路有所闻，还没有能够去做，只怕又有所闻。

7.（14.22）子路问事君。子曰：“勿欺也，而犯之。”

【译文】

子路问怎样服侍人君。孔子道：“不要（阳奉阴违地）欺骗他，却可以当面触犯他。”

8.（17.5）公山弗扰以费畔[①]，召，子欲往。子路不说，曰：“末之也，已，何必公山氏之之也？”子曰：“夫召我者，而岂徒哉？如有用我者，吾其为东周乎？”

【注释】

①畔：谋逆。

【译文】

公山弗扰盘踞在费邑图谋造反，叫孔子去，孔子准备去。子路很不高兴，说道："没有地方去便算了，为什么一定要去公山氏那里呢？"孔子道："那个叫我去的人，难道是白白召我吗？假若有人用我，我将使周文王、武王之道在东方复兴。"

9.（17.7）佛肸[①]召，子欲往。子路曰："昔者由也闻诸夫子曰：'亲于其身为不善者，君子不入也。'佛肸以中牟[②]畔，子之往也，如之何？"子曰："然。有是言也。不曰坚乎，磨而不磷[③]；不曰白乎，涅[④]而不缁。吾岂匏瓜[⑤]也哉？焉能系而不食？"

【注释】

①佛肸：晋国赵简子攻打范、中行，佛肸是范、中行的家臣，为中牟的县长，因此依据中牟来抗拒赵简子。

②中牟：春秋时晋邑，故址当在今日河北省邢台和邯郸之间。

③磷：lìn，薄也。

④涅：niè，本是一种矿物，古人用作黑色染料，这里作动词，染黑之意。

⑤匏瓜：即匏子，古有甘、苦两种，苦的不能吃，但因它比水轻，可以系于腰，用以泅渡。

［译文］

佛肸召见孔子，孔子打算去。子路道："从前我听老师说过，'亲自做坏事的人那里，君子是不去的。'如今佛肸盘踞中牟谋反，您却要去，怎么说得过去呢？"孔子道："对，我有过这话。但是，你不知道吗？最坚固的东西，磨也磨不薄；最白的东西，染也染不黑。我难道是匏瓜吗？哪里能够只是被悬挂着而不给人吃食呢？"

10.（17.23）子路曰："君子尚[①]勇乎！"子曰："君子义以为上。君子有勇而无义为乱，小人有勇而无义为盗。"

［注释］

①尚：崇尚。

［译文］

子路问道："君子崇尚勇敢吗？"孔子道："君子认为义是最可尊贵的，君子只有勇，没有义，就会捣乱造反；小人只有勇，没有义，就会做土匪强盗。"

11.（5.7）子曰："道不行，乘桴[①]浮于海。从[②]我者，其由与？"子路闻之喜。子曰："由也好勇过我，无所取材[③]。"

【注释】

①桴：fú，古代把竹子或者木头编成簰，以当船用，大的叫筏，小的叫桴，也就是现在的木簰。

②从：动词，跟随。

③材：同"哉"。

【译文】

孔子道："主张行不通了，我想坐个木簰到海外去，跟随我的恐怕只有仲由吧！"子路听到这话，高兴得很。孔子说："仲由这个人太好勇敢了，好勇的精神大大超过了我，就是不善于取舍裁度事理呀！"

提问 孔子为什么能预见到子路的结局呢？

知识积累：

春秋时期的衣饰

贵族男子所戴的帽子称为冠。古人都留长发，身体发肤，受之父母，不会轻易毁伤，是孝的一种表现。冠像一根弧形的带子，从前到后覆在发髻上，两边有带子，称之为缨，可以在下巴下打结。古代贵族才能戴冠乘车，庶人只能戴头巾。人们穿衣服时，衣襟向右掩，称之为右衽，然后用带子系住，那个时候可是没有扣子的。春秋时，人民非常重视玉器，在外交场合必须佩带，是一种重要的礼仪。

“瑚琏之器”子贡

当初，子贡拜在孔子门下求学时，曾经问自己的老师：“先生，我是什么样的人呢？”，孔子说：“汝，器也。”意思是你是个有用的器物吧，什么器呢？“瑚琏也”。就是宗庙里的瑚琏呀。瑚琏是宗庙中祭祀时盛放黍稷的器物，用竹子做成，镶嵌着玉石，既贵重，又华美。意思就是说子贡堪称廊庙之材，是可以肩负国家重任的人才。

日后的子贡果然没有辜负老师的厚望，“孔门十哲”中，他以外交才能著称，大有建树。下面我们就来看一个关于子贡的小故事吧。

田常篡齐是春秋晚期的一件大事，史书载，在篡齐之前，田常害怕遭到高、国、鲍、晏几个大的政治家族的反对，就故意转嫁矛盾，“移其兵欲以伐鲁”。鲁国弱小，根本不是齐国的对手，似乎除了被吞并别无良策。

就在这种危机万分的时刻，晚年的孔子出手了。他对弟子们说，鲁国毕竟是我的祖国，我怎么能眼睁睁地看着祖国覆灭呢？你们中间谁有什么办法救鲁国呀？有好几个弟子想帮助老师分忧，最终孔子选择了子贡，子贡的“救鲁行动”由此展开。

子贡先到了齐国，拜见执政官田常，跟他说：“您攻打鲁国是错误的。鲁国，是难攻打的国家，它的城墙单薄而矮小，它的护城河狭窄而水浅，它的国君愚昧而不仁慈，大臣们虚伪而不中用，它的士兵百姓又厌恶打仗的事，这样的国家不可以和它交战。您不如去攻打吴国。吴国，它的城墙高大而厚实，护城河宽阔而水深，铠甲坚固而崭新，士卒经过挑选而精神饱满，可贵的人才、精锐的部队都在那里，又派英明的大臣守卫着它，这样的国家是容易攻打的。”田常听了，脸色大变说，你这是什么混账逻辑！照你所说，应该是鲁国容易攻打，吴国难以攻打才是啊。子贡不慌不忙地解释说，我听说，忧患在国内的，要去攻打强大的国家；忧患在国外的，要去攻打弱小的国家。如今，您的忧患在国内。您派出的军队由国书率领，他是您的政敌。若他打败鲁国，威望必然上升，这对您不利。相反，若派他带兵攻打吴国，他就要长期在外（吴国距齐国远），如此，您便能随心所欲地操控国政。再者，若国书能带兵战胜吴国，齐国可就此称霸；若国书被吴国打败，那他的威望大大下降，也对您有利。总之，攻吴对您好处多多，现在是您最正确的选择。

田常听后，采纳了子贡的建议，改伐鲁为攻吴。

随后，子贡又来到吴国，他对吴王夫差说，齐国就要来攻打贵国了，请做好准备。

此前，吴国打败了越国，吴王夫差的称霸野心被刺激起来了。子贡对他说，我听说，施行王道的不能让诸侯属国灭绝，施行霸道的不能让另外的强敌出现，在千钧重的物体上，再加上一铢一两的分量也可能产生移位。如今，拥有万辆战车的齐国再独自占有千辆战车的鲁国，和吴国来争高低，我私下替大王感到危险。况且去援救鲁国，是显扬名声的事情；攻打齐国，是能获大利的事情。安抚泗水以北的各国诸侯，讨伐强暴的齐国，用来镇服强大的晋国，没有比这样做获利更大的了。名义上保存危亡的鲁国，实际上阻止了强齐的扩张，这道理聪明人是不会怀疑的。如果吴国能打败强大的齐国，不仅鲁国会因此感激吴国，其他诸侯国也会佩服吴国主持正义的勇气，吴国的霸业由此可成。至于越国，我可以说服它出兵帮助您伐齐。

吴王夫差一心想做霸主，听了子贡的分析，感觉很有道理，接受了建议。

子贡又来到越国，越王清扫道路，到郊外迎接子贡，亲自驾驭着车子到子贡下榻的馆舍说："这是个偏远落后的国家，大夫怎么屈辱自己庄重的身份光临到这里来了！"子贡回答说："现在我已劝说吴王援救鲁国攻打齐国，他心里想要这么做却害怕越国，说：'等我攻下越国才可以。'像这样，攻破越国是必然的了。况且要没有报复人的心志而使人怀疑他，太拙劣了；要有报复人的心志又让人知道他，就不安全了；事情还没有发动先叫人知道，就太危险了。这三种情况是办事的最大祸患。"勾践听罢叩头至地再拜说："我曾不自量力，才和吴国交战，被围困在会稽，恨入骨髓，日夜唇焦舌燥，只打算和吴王一块儿拼死，这就是我的愿望。”于是问子贡怎么办。子贡说：“吴王为人凶猛残暴，大臣们难以忍受；国家多次打仗，弄得疲惫衰败，士兵不能忍耐；百姓怨恨国君，大臣内部发生变乱；伍子胥因谏诤被杀死，太宰嚭执政当权，顺应着国君的过失，用来保全自己的私利：这是残害国家的政治表现啊。现在大王果真能出兵辅佐吴王，以投合他的心志，用重金宝物来获取他的欢心，用谦卑的言辞尊他，以表示对他的礼敬，他一定会攻打齐国。如果那场战争不能取胜，就是大王您的福气了。如果打胜了，他一定会带兵逼近晋国，请让我北上会见晋国国君，让他共同攻打它，一定会削弱吴国的势力。等他们的精锐部队全部消耗在齐国，重兵又被晋国牵制住，而大王趁它疲惫不堪的时候攻打它，这样一定能灭掉吴国。”越王非常高兴，答应照计行动。送给子贡黄金百镒，宝剑一把，良矛二支。子贡没有接受，就走了。

最后，子贡来到了晋国，跟晋君说，若吴国击败齐国，必然会挑战晋国的霸主地位，请晋国“修兵休卒以待之”，做好与吴国开战的准备。

子贡一番外交斡旋之后就回到了鲁国，吴国起兵伐齐，在艾陵大破齐军，俘虏了七个将军的士兵而不肯班师回国，果然带兵逼近晋国，和晋国人在黄池相遇。吴晋两国争雄，晋国人攻击吴国，大败吴军。越王听到吴军惨败的消息，就渡过江去袭击吴国，直打到离吴国都城七里的路程才安营扎寨。吴王听到这个消息，忙从晋国撤退返回吴国，和越国军队在五湖一带作战。吴军多次战斗都失败了，连城门都守不住了。最终，越军包围了王宫，杀死了吴王夫差和他的国相。

所以，子贡这一次出行，保全了鲁国，扰乱了齐国，灭掉了吴国，使晋国强大而使越国称霸，使各国形势发生了相应变化，可以说，春秋晚期的国际局势完全被子贡的三寸不烂之舌给改变了。

子贡善于经商，长于辞令，这次救鲁之举，就充分地展示了他纵横捭阖的外交才华。不过，如此伶牙俐齿的子贡，却曾经一不小心说过一句让自己后悔了大半辈子的话。

孔子逝世以后，他的一个学生原宪就跑到低洼积水、野草丛生的地方隐居了起来。子贡做了卫国的国相后，曾经到偏远简陋破败的小屋，看望原宪。原宪整理好破旧的衣帽，会见子贡。子贡见状替他感到羞耻，说："难道你很困窘吗？"

原宪回答说："我听说，没有财产的叫作贫穷，学习了道理而不能施行的叫作困窘。像我，只是贫穷而已，怎么能说是困窘啊。"子贡听了感到非常的惭愧，一辈子都为这次说错了话感到羞耻。从这个小故事我们也可以明白，为什么子贡谦虚地说自己不如"一箪食，一瓢饮，在陋巷，人不堪其忧，回也不改其乐"的颜回，为什么"孔门四科"要把"德行"排在"言语"前面了吧。

1.（5.4）子贡问曰："赐也何如？"子曰："女，器也。"曰："何器也？"曰："瑚琏[1]也。"

【注释】

①瑚琏：古代祭祀时盛粮食的器皿，是相当尊贵的。

【译文】

子贡问道："我是一个怎样的人？"孔子道："你好比是一个器皿。"子贡道："什么器皿？"孔子道："宗庙里盛黍稷的瑚琏。"

2.（5.12）子贡曰："我不欲人之加[1]诸我也，吾亦欲无加诸人。"子曰："赐也，非尔所及也。"

【注释】

①加：驾凌，凌辱。

【译文】

子贡道："我不想别人欺侮我，我也不想欺侮别人。"孔子说："赐，这不是你能做到的。"

3.(5.13)子贡曰:“夫子之文章①,可得而闻也;夫子之言性与天道,不可得而闻也。”

【注释】

①文章:孔子是古代文化的整理者和传播者,这里的“文章”指有关古代文献的学问。

【译文】

子贡说:“老师关于文献方面的学问,我们听得到;老师关于天性和天道的言论,我们听不到。”

4.(12.23)子贡问友。子曰:“忠告而善道之,不可则止,毋自辱焉。”

【译文】

子贡问对待朋友的方法。孔子道:“忠心地劝告他,好好地引导他,他不听从,也就罢了,不要自找侮辱。”

5.（13.24）子贡问曰："乡人皆好之，何如？"子曰："未可也。""乡人皆恶之，何如？"子曰："未可也。不如乡人之善者好之，其不善者恶之。"

［译文］

子贡问道："满村的人都喜欢他，这个人怎么样？"孔子道："还不行。"子贡便又道："满村的人都厌恶他，这个人怎么样？"孔子道："还不行。最好是满村的好人都喜欢他，满村的坏人都厌恶他。"

6.（14.29）子贡方人。子曰："赐也贤乎哉？夫我则不暇。"

［译文］

子贡讥评别人。孔子对他道："你就够好了吗？我却没有这闲工夫。"

7.(17.19)子曰:"予欲无言。"子贡曰:"子如不言,则小子何述焉?"子曰:"天何言哉?四时行焉,百物生焉。天何言哉?"

【译文】

孔子说:"我想不说话了。"子贡道:"您假若不说话,那我们传述什么呢?"孔子道:"天说了什么呢?四季照样运行,百物照样生长,天说了什么呢?"

8.(19.23)叔孙武叔①语大夫于朝,曰:"子贡贤于仲尼。"子服景伯以告子贡。子贡曰:"譬之宫墙②,赐之墙也及肩,窥见室家之好。夫子之墙数仞③,不得其门而入,不见宗庙之美,百官④之富。得其门者或寡矣。夫子之云,不亦宜乎!"

【注释】

①叔孙武叔:鲁大夫,名州仇。

②宫墙:围墙。

③仞：七尺曰仞。

④官：房舍。

【译文】

叔孙武叔在朝廷中对官员们说："子贡要强于他老师仲尼。"子服景伯把这话告诉子贡。子贡道："拿房屋的围墙作比喻吧：我家的围墙只有肩膀那么高，谁都可以探望到房屋的美好。我老师的围墙却有几丈高，找不到大门走进去，就看不到他那宗庙的雄伟，房舍的多种多样。能够找着大门的人或许不多罢，那么，武叔他老人家的话，不也是自然的吗？"

9.（15.24）子贡问曰："有一言而可以终身行之者乎？"子曰："其恕[1]乎！己所不欲，勿施于人。"

【译文】

子贡问道："有没有一句可以终身奉行的话呢？"孔子道："大概是'恕'罢！自己所不想要的，就不要加给别人。"

10.(12.8)棘子成[①]曰:“君子质而已矣,何以文为?”子贡曰:“惜乎,夫子之说君子也!驷不及舌。文犹质也,质犹文也。虎豹之鞟犹犬羊之鞟。”

【注释】

①棘子成:卫国大夫。古代大夫都可以被尊称为“夫子”,所以子贡这样称呼他。

【译文】

棘子成道:“君子只要有好的本质便够了,要那些文彩(那些仪节、那些形式)干什么?”子贡道:“先生这样谈论君子,可惜说错了。一言既出,驷马难追。本质和文彩,是同等重要的。假若把虎豹和犬羊两类兽皮拔去有文彩的毛,那这两类皮革就没什么区别了。”

提问 子贡面对原宪为什么会不好意思呢?能讲讲你的看法吗?

“锦上添花”的冉有

除了颜氏一门之外，孔门弟子中的冉氏也很重要，素有“孔门五冉”之称，孔门的“四科十哲”中，冉氏一门就占了两位，分别是德行科的冉伯牛和政事科的冉有。

冉有（亦称冉求）是孔子的得意弟子，“十哲”之一，以擅长“政事”著称。鲁哀公十一年（公元前484）春，齐国军队向今天的济南长清集结，想要攻打鲁国。面对气势汹汹的齐军，鲁国的执政官季康子很害怕，就对家臣冉有说：“齐国军队已经到了长清，我们该怎么办呀？”

冉有胸有成竹，立刻建议季康子果断迎战。两军交战之后，冉有身先士卒，以步兵执长矛的突击战术打败了齐国军队。

季康子平时只知道冉有是“政事”高手，没想到他还会指挥作战，就问他：“你跟谁学过指挥作战呀？”冉有答：“跟我的老师孔子学的。”然后趁机把孔子大大地表扬了一番。季康子于是决定迎请孔子回鲁国。就这样，周游列国达十四年之久的孔子回到了自己的祖国。

可以说,孔子晚年能落叶归根,并在鲁国享受到了较好的待遇,冉有起了很大的作用。可是,孔子对冉有一点不领情,有时还批得非常狠。我们不禁要问:这是为什么呢?

冉有小孔子二十九岁,比颜回还大一岁。可是,在德行上他显然没法与颜回比。颜回对老师孔子的教诲绝对听从,“夫子步亦步,夫子趋亦趋,夫子驰亦驰”,一切都向老师看齐。因此很快就学到了老师的真传。孔子对颜回也不吝赞美:“一箪食,一瓢饮,人也不堪其忧,回也不改其乐。贤哉,回也。”冉有在学习上就有点耍滑头,他对孔子说:“非不说(悦)子之道,力不足也。”意思是,我不是不喜欢老师您说的道理,只是我的能力不够呀。孔子对他的说法不以为然,说:“力不足者,中道而废,今女(汝)画。”意思是,能力不足的话,应该是尽全力践行,行到一半停下来,你现在根本就是画地为牢,不想前进。

孔子之所以不认可冉有“力不足”,就是因为他太了解冉有了。在孔子学生中,冉有是最多才多艺的一个,孔子曾说:“求也艺,于从政乎何有?”意思是,冉有多才多艺,从政对他来说有什么困难呢?这样一个人,怎么会“力不足”呢?所谓的“力不足”不过是他不敢大胆推行“仁政”的一个借口罢了。

在财富观上,冉有也与老师大相径庭。举个例子就能说明这个问题。公西华是孔子的优秀弟子,他很有外交才华,被鲁国选中,出使齐国。冉有看着公西华同学风风光光地出使齐国了,就觉得应该对公西华的家人有所表示,于是就问孔子:能不能给公西华的母亲送点粮食?孔子说,可以,给她一釜米吧。釜是容积单位，一釜粮食等于六斗四升。冉有觉得太少了，请老师再多加点，孔子说，那就再加一庾吧。一庾是当时的二斗四升。冉有仍然觉得少，就给公西华的母亲送去了五秉米，在当时，一秉等于十六斛，五秉等于八十斛，一斛等于十斗，五秉就是八百斗。

孔子知道此事后批评冉有："赤之适齐也，乘肥马，衣轻裘。吾闻之也：君子周急不继富。"意思是，公西华（公西华也称公西赤）出使齐国，乘坐的是肥壮之马拉的车子，穿的是轻便暖和的皮衣。我听人说过这样的话：君子帮助人，是为了帮助人摆脱急难，而不是让人富上加富。

孔子不是个小气鬼，在花钱的问题上也很大方。比如，孔子的一个朋友死了，家里没钱安葬，孔子就仗义地站出来，说"于我殡"。我来出钱安葬。有朋友到鲁国来，怕没地方住，孔子就说："生于乎我馆，死于乎我殡。"意思是，您尽管来，来到鲁国，我提供住处；即便您不幸去世了，我也会出钱好好安葬。后面一句虽带有调侃，但孔子对穷哥们的那份深情溢于言表。

孔子还有个"发小"（幼年时的伙伴）叫原壤。此人混得很不好，母亲去世，他都没钱给母亲的棺材刷漆。孔子对这个"发小"说："没关系，我出钱。"

更有意思的是，在去山东郯城的路上，孔子遇到一个叫程子的人，两人谈话很投机。临分手时，孔子对弟子子路说："去把咱们的丝绸拿一捆来，送给这位程先生。"

朋友遇到事，缺钱，孔子乐意慷慨解囊；与路人谈得投机，孔子也乐于赠送钱财以表心意。可见，孔子绝不是小气。他批评冉有给公西华母亲送的粮食太多，就在于冉有违反了孔子“君子周急不继富”的花钱原则。赚钱时坚守怎样的底线，花钱时秉承什么，这两条加在一起就构成了一个人的财富观。孔子赚钱的底线，大家都很熟悉，那就是“不义而富且贵，于我如浮云”，坚决不赚不义之财；他花钱的原则则是“君子周急不继富”，愿意“雪中送炭”，而不喜欢“锦上添花”。

而冉有则做不到像老师一样，他在季康子手下做官，很多事自己做不了主，总是说些“违心的话”，做些“违心的事”。做了季康子的家臣之后，冉有一方面展示出了高超的政治才华，另一方面也受到了孔子的严厉批评。季康子要去泰山祭祀，这是僭越之事。按春秋礼法，天子才有资格祭祀泰山。季康子只是卿，级别远远不够。孔子希望冉有极力劝谏，结果冉有说自己做不到。季康子要讨伐颛顼，颛顼是鲁国内的一个小部落，是“社稷之臣”，本不该讨伐，但季康子非要讨伐，冉有亦不能阻止。孔子得知此事之后，又把冉有教训了一番，说你辅佐季氏却不能阻止他干坏事，你这家臣当得也不合格呀。现在鲁国分崩离析，你没法治理好，却发动国内战争，这也太不靠谱了。

最让孔子生气的是，季康子家族本来已经很富了，可冉有还帮助季康子敛财，“季氏富于周公，而求也为之聚敛而附益之”。孔子对冉有的这种做法很生气，说：“非吾徒也，小子鸣鼓而攻之，可也。”意思是，冉有这小子不是我的好学生，徒弟们，你们可以大张旗鼓地去讨伐他。这就大有将冉有逐出师门的意思了。

1.（16.1）季氏将伐颛臾[1]。冉有、季路见于孔子曰："季氏将有事[2]于颛臾。"

孔子曰："求！无乃尔是过与[3]？夫颛臾，昔者先王以为东蒙主[4]，且在邦域之中矣，是社稷之臣[5]也。何以伐为？"

冉有曰："夫子[6]欲之，吾二臣者皆不欲也。"孔子曰："求！周任[7]有言曰：'陈力就列，不能者止。[8]'危而不持，颠而不扶，则将焉用彼相矣[9]？且尔言过矣，虎兕出于柙[10]，龟玉毁于椟中[11]，是谁之过与？"

冉有曰："今夫颛臾，固而近于费。今不取，后世必为子孙忧。"

孔子曰："求！君子疾夫舍曰欲之而必为之辞[12]。丘也闻有国有家者[13]，不患寡而患不均，不患贫而患不安。盖均无贫，和无寡，安无倾。夫如是，故远人不服，则修文德以来之。既来之，则安之。今由与求也，相夫子，远人不服，而不能来也；邦分崩离析，而不能守也；而谋动干戈于邦内。吾恐季孙之忧，不在颛臾，而在萧墙之内也。"

［注释］

①颛臾:zhuān yú,鲁国的附属国,在今天山东费县西北八十里有颛臾村,当为古颛臾之地。

②有事:这里指用兵。

③无乃尔是过与:恐怕该责备你们吧?“无乃……与”相当于现代汉语的“恐怕……吧”。

④东蒙主:指受封于东蒙。

⑤社稷之臣:附属于大国的小国。

⑥夫子:季康子。春秋时,对长者、老师以及贵族卿大夫等都可以尊称为夫子。

⑦周任:上古时期的史官。

⑧陈力就列,不能者止:能施展自己的才能,就接受职位;如若不能,就应辞去职务。

⑨相:辅助者。

⑩兕:sì 独角犀牛。柙:xiá 关猛兽的笼子。

⑪龟:龟版,用来占卜。玉:玉器,用于祭祀。椟:dú,匣子。

⑫君子疾夫舍曰欲之而必为之辞:君子厌恶那些不肯说(自己)想要那样而偏要找借口的人。

⑬有国有家者:有国土的诸侯和有封地的大夫。

［译文］

季氏准备攻打颛臾。冉有、子路两人谒见孔子,说道:“季氏准备对颛臾使用兵力。”

孔子道:“冉求!这难道不应该责备你吗?颛臾,上代的君王曾经授权他主持东蒙山的祭祀，而且它的国境早在我们最初被封时的疆土之中，这正是和鲁国共安危存亡的藩属，为什么要去攻打它呢？”冉有道：“季孙要这么干，我们两人本来都是不同意的。”孔子道：“冉求！周任有句话说：‘能够贡献自己的力量，再任职；如果不行，就该辞职。’譬如盲人遇到危险，不去扶持；将要摔倒了，不去搀扶，那又何必用助手呢？你的话错了。老虎犀牛从槛里逃了出来，龟壳美玉在匣子里毁坏了，这是谁的责任呢？”冉有道：“颛臾，城墙坚固，而且离季孙的采邑费地很近。现今不把它占领，日子久了，一定会给子孙留下祸害。”

孔子道：“冉求！君子就讨厌（那种态度），不说自己贪心无厌，却一定另找借口。我听说过：无论是诸侯或者大夫，不必担忧财富不多，只须担忧财富不均；不必担忧人民太少，只须担忧境内不安。若是财富平均，便无所谓贫穷；境内和平团结，便不会觉得人少；境内平安，便不会倾危。做到这样，远方的人还不归服，就再修仁义礼乐的政教来招致他们。他们来了，就得使他们安心。如今仲由和冉求两人辅相季孙，远方之人不归服，却不能招致；国家支离破碎，却不能保全；反而想在国境以内使用兵力。我恐怕季孙的忧愁不在颛臾，却在鲁君哩。”

2.(6.12)冉求曰："非不说子之道，力不足也。"子曰："力不足者，中道而废。今女画[1]。"

［注释］

①画：停止。

［译文］

冉求道："不是我不喜欢您的学说，是我力量不够。"孔子道："如果真是力量不够，走到半道会再走不动了。现在你却画地为牢。"

3.(11.17)季氏富于周公，而求也为之聚敛而附益之。子曰："非吾徒也。小子鸣鼓而攻之，可也。"

［译文］

季氏比周公还有钱，冉求却又替他搜刮，增加更多的财富。孔子道："冉求不是我的弟子，你们同学可以大张旗鼓地来讨伐他。"

4.（11.22）子路问："闻斯行诸？"

子曰："有父兄在，如之何其闻斯行之？"

冉有问："闻斯行诸？"子曰："闻斯行之。"

公西华曰："由也问'闻斯行诸'，子曰：'有父兄在'，求也问'闻斯行诸'，子曰：'闻斯行之'。赤也惑，敢问。"

子曰："求也退，故进之；由也兼人①，故退之。"

【注释】

①兼人：两个人。由也兼人，即子路做事有两个人的胆量。

【译文】

子路问："听到就去做吗？"孔子道："有爸爸哥哥活着，怎么能听到就去做？"

冉有问："听到就要做吗？"孔子道："听到就要去做。"

公西华道："仲由问听到就要做吗，您说'有爸爸哥哥活着（不能这样做）'；冉求问听到就去做吗，您说'听到就去做。'（两个人问题相同，而您的答复相反）我有些糊涂，大胆地来问问。"孔子道："冉求平日做事退缩，所以我给他壮胆；仲由的胆量却有两个人的大，勇于作为，所以我要压压他。"

5.(6.4)子华[1]使[2]于齐，冉子为其母请粟[3]。

子曰："与之釜[4]。"

请益。曰："与之庾[5]。"

冉子与之粟五秉[6]。

子曰："赤之适齐也，乘肥马[7]，衣轻裘[8]。吾闻之也：君子周[9]急不继富。"

【注释】

①子华：孔子学生，姓公西，名赤，字子华，比孔子小四十二岁。

②使：出使。

③粟：小米。

④釜：fǔ，古代量名，容当时的量器六斗四升。

⑤庾：yǔ，古代量名，容当日的二斗四升。

⑥秉：bǐng，古代量名，十六斛，十斗为一斛，五秉等于八十斛，折合八百斗。

⑦乘肥马：乘肥马拉的车。

⑧衣：名词作动词，穿。

⑨周：救济。

［译文］

公西华被派到齐国做使者，冉有替他母亲向孔子请求小米。孔子道："给他六斗四升。"冉有请求增加。孔子道："再给他二斗四升。"

冉有却给了他八百斗。

孔子道："公西赤到齐国去，坐着由肥马驾的车辆，穿着又轻又暖的皮袍。我听说过：君子雪里送炭，不去锦上添花。"

6.（13.14）冉子退朝。子曰："何晏也？"对曰："有政。"子曰："其事也。如有政，虽不吾以，吾其与闻之[①]。"

［译文］

冉有从办公的地方回来。孔子道："为什么今天回得这样晚呢？"答道："有政务。"孔子道："那只是事务罢了。若是有政务，虽然不用我了，我也会知道的。"

提问 你认为锦上添花与雪中送炭哪个更为可贵呢？

孔门学风:可敬的老师,可爱的学生

孔子是“万世师表”,是所有教师的表率,可说是历史上最好的老师了。那么,这位老师平时是怎样上课的呢?正好《论语》里就记载了这么一个真实的故事。

有一天,孔子四个最亲近的弟子,子路、曾皙、冉有、公西华围坐在先生的身边。先生突发奇想,说:“我们来聊聊天吧。我比你们是年长了几天,但不要因为我年长而就不敢说啊。你们平时总说:‘没有人了解我呀!’假如真的有人了解你们的才华,要重用你们,那你们最希望做什么呢?”

子路性子最急,想也不想,抢着回答说:“一个拥有一千辆兵车的国家,夹在大国中间,常常受到别的国家侵犯,加上国内又闹饥荒,让我去治理,只要三年,就可以使人们勇敢善战,而且懂得礼仪。”

孔子听了,微微一笑,又问:“冉求,你会怎样做呢?”

冉求答道:“国土有六七十里或五六十里见方的国家,让我去治理,三年以后,就可以使百姓饱暖。至于这个国家的礼乐教化，就要等君子来施行了。”

孔子又问：“公西赤，你怎么样？”

公西赤答道：“我不敢说能做到，而是愿意学习。在宗庙祭祀的活动中，或者在同别国的盟会中，我愿意穿着礼服，戴着礼帽，做一个小小的赞礼人。”

孔子又问：“曾点，你怎么样呢？”

这时曾点弹瑟的声音逐渐放慢，接着“铿”的一声，离开瑟站起来，回答说：“我想的和他们三位说的不一样。”

孔子说：“那有什么关系呢？就是大家一起谈谈自己的志向嘛。”

曾皙说：“暮春三月，已经穿上了春天的衣服，我和五六位成年人、六七个少年，去沂河里洗洗澡，在舞雩台上吹吹风，一路唱着歌走回来。”

孔子长叹一声说：“我和曾皙是一样的啊。”

子路、冉有、公西华三个人都出去了，曾皙后走。他问孔子道：“他们三人说得怎么样呢？先生评价评价吧。”

孔子说：“我们就是各自谈谈自己的志向罢了。”

曾皙说：“夫子为什么要笑子路呢？”

孔子说：“治理国家要讲礼让，可是他说话一点也不谦让，所以我笑他。”

曾皙又问：“那么是不是冉求讲的不是治理国家呢？”

孔子说：“哪里见得六七十里或五六十里见方的地方就不是国家呢？”

曾皙又问:“公西赤讲的不是治理国家吗?”

孔子说:“宗庙祭祀和诸侯会盟,这不是诸侯的事又是什么?像赤这样的人如果只能做一个小相,那谁又能做大相呢?”

其实,孔子不仅仅在跟弟子们谈志向,更是在教他们治国的原则和方法。看似轻松地赞同曾皙的说法,其实是在暗示着学生们,真正的礼治,不是个人的功成名就,而是曾皙所说的,欢欣和乐的生活。

在《论语》中,我们可以见到很多孔门师生之间轻松有趣的对话,孔子其实是个很有幽默感的老师。曾经走到郑国的时候,孔子和弟子失散了,孔子自己站在城东门等着,他的学生到处寻找,最终还是子贡找到了。孔子身材高大,天生异相,他问子贡,你是怎么找到我的?

子贡说,我问到一个人,那人告诉我说,城东门有个人,他的额头像尧,脖子像皋陶,肩膀像子产,从腰以下比禹短三寸,最好笑的是最后一句,“累累若丧家之犬”,憔悴颓废地像一只丧家狗。

孔子听了大笑,说:然哉,然哉,我现在可不就是这样嘛,人家一点没说错啊。

有一次,孔子路过鲁国的武城,走近之后,竟听见城中弦歌阵阵,是当武城宰的学生子游正在教授礼乐之事,孔子开玩笑地说,哎呀,治这等小邑,杀鸡焉用牛刀啊。

子游是个很较真的学生,他很严肃地说,老师不是说过吗,君子学道,就更懂得爱人,平民学道,更容易听从使命。怎么能说治理小地方就不用礼乐之法了呢？

孔子听了连忙对大家说，对啊，子游说的是对的，我之前是在开玩笑呢。

除了老师的言行，《论语》中记录的孔门学子也个个性格鲜明，生动可爱。他们之中有谦谦君子，也有赳赳武士，还有生财有道的大商人。孔子说过，“跟着我学习而精通六艺的弟子有七十七人”，他们都是具有奇异才能的人。德行方面突出有颜渊、闵子骞、冉伯牛、仲弓；擅长处理政事的有冉有、季路；能言善辩、颇具外交才华的是宰我、子贡；文章博学的有子游、子夏。这十位被称为孔门的“四科十哲”。不过除此之外，孔子也常常自嘲说，我的学生们啊，颛孙师偏激，曾参迟钝，高柴愚笨，季路粗鲁，颜渊经常贫穷，一无所有。

子路曾经叫子羔去做费县县长。孔子说：“这是害了别人的儿子啊！”

子路回嘴道：“那地方有老百姓，有土地和五谷，为什么一定要读书才叫作学问呢？”

孔子说：“你看，我最讨厌你这样犟嘴利舌的人。”

孔子出于礼节去拜见卫灵公的夫人南子，子路认为南子的名声不好，非常不赞成老师的行为，见子路不悦，“夫子矢之曰：‘予所否者，天厌之！天厌之！’”孔子被逼无奈，只能赌咒发誓说：“我如果真的做错了，就让上天厌弃我吧！让上天厌弃我吧！”

同学们是不是觉得孔子很可爱？这个老师不仅没有一点架子，甚至还经常和学生斗嘴。其实，孔子并不是随便说这些话的，子路叫子羔去做费县宰，并不是真的让他以从政为学，只是针对老师的责备随口答辩而已，所以孔子才一针见血地拆穿他。子路不高兴老师见南子，孔子知道他是因为爱憎分明，所以并不责备他，反而发毒誓来表明自己的心迹。这些小故事记录了孔子多种多样的教育手段，不止正儿八经地“摆事实，讲道理”，有时也用发誓赌咒这类的江湖手段。

阅读《论语》，透过孔子与弟子之间看似简单随意的交谈，我们可以深深地感受到，孔子所提倡的“仁、义、礼、智、信”等理念，并不是僵死的道德说教，而是因人因地因时因事而变的活泼泼的充满美感的生命状态和人生实践。孔子的教学，就是于平实中蕴含着智慧，于日常的待人处世中高扬着慈悲情怀和人文理想。

孔子师生之间的感情是很深厚的。颜回短命，先孔子而去，孔子如同自己的儿子死去一般大哭：“天丧予！天丧予！”说这是老天要我的命啊。晚年的时候，子路也死于卫国的政变之中，孔子深受打击，大呼：“天祝予！天祝予！”意思说，这是老天诅咒我啊。而孔子的弟子因老师的一片苦心，也深深地爱戴着他。晚年时，子贡一直守在老师身边，孔子去世后，他的弟子举家搬到孔子的墓旁，“皆服三年”，都在孔子的墓旁守孝三年，这是为自己的父母守孝才有的礼制。

三年之后，众弟子离去。这时子贡不舍得离开，在孔子墓旁继续守孝，又守了三年，可见他对自己老师的一片深情。这还不算，孔子去世后，子贡极力维护孔子的圣贤地位，遇见有人诋毁孔子，子贡就施展自己能言善辩的才华，予以有力反驳。比如，鲁国的大臣叔孙武叔就曾说:“子贡贤于仲尼。”说子贡比孔子还厉害。当时,子贡很有外交才华,曾帮助鲁国化解战争危机,再加上子贡是富商,富可敌国,在诸侯中名声显赫,很有社会地位。所以叔孙武叔才有这种说法。

可是,子贡却对叔孙武叔的话不买账,他说:“譬之宫墙,赐之墙也及肩,窥见室家之好。夫子之墙数仞,不得其门而入,不见宗庙之美,百官之富。得其门者或寡矣。夫子之云,不亦宜乎!”意思是,这就像房屋的围墙,我端木赐(子贡姓端木,名赐)的围墙只到肩膀,因此人们都能从外面窥见房屋的美好。可我老师孔子的房屋围墙有几丈高,一般人连门都找不到,也进不去,在外面也没法看到里面宏伟的建筑。叔孙武叔先生就属于还没找到门,更没有发现我老师孔子为什么是伟大的人,他说这种话是可以理解的。

叔孙武叔继续毁谤孔子。子贡又反驳说:“无以为也!仲尼不可毁也。他人之贤者,丘陵也,犹可逾也;仲尼,日月也,无得而逾焉。人虽欲自绝,其何伤于日月乎?多见其不知量也。”意思是,我们老师孔子可不是随便毁谤得了的。别人的贤德,就像小山小丘,还可以逾越过去,我老师那是太阳、月亮,是无法超越的。即便有人想自绝于太阳、月亮,对太阳、月亮又有什么伤害呢?只不过让人看出此人的自不量力而已。这次,子贡反驳的语气无疑比上次更强硬。叔孙武叔是鲁国的司马,相当于国防部长。一般人对高官说的话都是唯唯诺诺,可子贡为了捍卫老师的地位,不惜直接抨击高官为“自不量力”,这种捍卫师道的勇气真是叫人感动。

对于子贡极力推崇孔子的做法,也有人不理解。一个叫陈子禽的人就对子贡说:“子为恭也,仲尼岂贤于子乎?”您是自己谦虚吧? 孔子哪里会比您还贤能呢?

子贡反驳说:“君子一言以为知,一言以为不知,言不可以不慎也。夫子之不可及也,犹天之不可阶而升也。夫子之得邦家者,所谓立之斯立,道之斯行,绥之斯来,动之斯和。其生也荣,其死也哀,如之何其可及也?”在此,我们可以充分领略到子贡的辩才,他这段话的意思是,君子从一句话就可以看出说话者的聪明,也可以从一句话就可以知道这个人的愚蠢,所以说话不可以不谨慎呀。我老师孔子高不可及,就像天是不能通过阶梯登上去一样。如果我的老师能掌权而当上诸侯国国君或者是卿大夫,那就会像人们所说的:他要建设和谐社会,和谐社会就一定能建成;他要引导百姓,百姓就一定会听他的话奋勇前进;他要安抚百姓,百姓就一定会心悦诚服地来归附;他要发动百姓,百姓就一定会团结一致、齐心协力;他生的光荣,死的哀荣,谁能比得上他呢? 这番赞叹老师的话,用词精准,铿锵有力,“其生也荣,其死也哀”之语日后成了经典。

孔子生前,孔门第一弟子是颜回,并不是子贡。有时,孔子还拿颜回作比来敲打、批评子贡,可是,子贡并没有对此耿耿于怀,反而在孔子去世后极力维护孔子的圣贤地位。从中,我们也可约略地体悟到孔子特有的人格魅力和孔门弟子尊师重道的精神风貌。

1.(1.1)子曰："学而时①习②之，不亦说③乎？有朋④自远方来，不亦乐乎？人不知，而不愠⑤，不亦君子⑥乎？"

【注释】

①时：在一定的时候。

②习：实习，演习。

③说：同"悦"，高兴、愉快。

④有朋：又作"友朋"，志同道合之人。

⑤愠：yùn，怨恨。

⑥君子：《论语》的"君子"，有时指"有德者"，有时指"有位者"，这里是指"有德者"。

【译文】

孔子说："学了，然后按一定的时间去践行，不是很高兴吗？有志同道合的人从远处来，不是很快乐吗？人家不了解我，我却不怨恨，不是很有君子风度吗？"

2.(11.18)柴①也愚，参也鲁，师也辟，由也喭。

［注释］

①柴：高柴，字子羔，孔子学生，比孔子小三十岁。

［译文］

高柴愚笨，曾参迟钝，颛孙师偏激，仲由鲁莽。

3.（11.3）11.3 德行：颜渊，闵子骞，冉伯牛，仲弓。言语：宰我，子贡。政事：冉有，季路。文学：子游，子夏。

［译文］

（孔子的学生各有所长）德行好的：颜渊，闵子骞，冉伯牛，仲弓。口才好的：宰我，子贡。能办理政事的：冉有，季路。熟悉古代文献的：子游，子夏。

4.（11.25）子路使子羔为费宰。子曰："贼夫人之子。"子路曰："有民人焉，有社稷焉，何必读书，然后为学？"子曰："是故恶夫佞者。"

【译文】

子路叫子羔去做费县县长。孔子道："这是害了别人的儿子!"子路道："那地方有老百姓，有土地和五谷，为什么定要读书才叫作学问呢?"孔子道："所以我讨厌犟嘴利舌的人。"

5.(11.13)闵子侍侧，訚訚如也；子路，行行如也；冉有、子贡，侃侃如也。子乐。"若由也，不得其死然。"

【译文】

闵子骞站在孔子身旁，恭敬而正直的样子；子路很刚强的样子；冉有、子贡温和而快乐的样子。孔子高兴起来了。(不过，又道：)"像仲由这样吧，怕得不到善终。"

6.(2.15)子曰："学而不思则罔①，思而不学则殆②。"

【注释】

①罔：迷惘。

②殆：倦怠。

［译文］

孔子说："只是读书，却不思考，就会迷惘；只是空想，却不读书，就会倦怠。"

7.（4.17）子曰："见贤思齐焉，见不贤而内自省也。"

［译文］

孔子说："看见贤人，应该想到向他学习；看见不贤的人，应该自己反省（有没有和他一样的毛病）。"

8.（4.24）子曰："君子欲讷[①]于言而敏于行。"

［注释］

①讷：语言迟钝。

［译文］

孔子说："君子要少说话，多做事。"

9.（5.28）子曰："十室之邑，必有忠信如丘者焉，不如丘之好学也。"

［译文］

孔子说："就是十户人家的地方，一定有像我这样又忠心又信实的人，只是赶不上我的喜欢学问罢了。"

10.（6.18）子曰："质胜文则野，文胜质则史。文质彬彬①，然后君子。"

［注释］

①文质彬彬：此处形容人既文雅又朴实。

［译文］

孔子说："朴实多于文采，就未免粗野；文采多于朴实，又未免虚浮。文采和朴实，配合适当，这才是个君子。"

11.(6.20)子曰:“知之者不如好之者,好之者不如乐之者。”

［译文］

孔子说:“(对于任何学问和事业)懂得它的人不如喜爱它的人,喜爱它的人又不如以它为乐的人。”

12.(6.21)子曰:“中人以上,可以语上也;中人以下,不可以语上也。”

［译文］

孔子说:“中等水平以上的人,可以告诉他高深学问;中等水平以下的人,不可以告诉他高深学问。”

13.(7.22)子曰:“三人行,必有我师焉:择其善者而从之,其不善者而改之。”

【译文】

孔子说："几个人一块走路，其中便一定有值得我学习的人：我选取他们的优点学习，看出缺点则加以改正。"

14.（7.28）子曰："盖有不知而作之者，我无是也。多闻，择其善者而从之；多见而识之；知之次也①。"

【注释】

①次：差一等，次一等。

【译文】

孔子说："大概有一种自己不懂却凭空捏造的人，我没有这种毛病。多多地听，选择其中好的加以接受；多多地看，全记在心里。这样的知，是仅次于'生而知之'的。"

15.（7.38）子温而厉，威而不猛，恭而安。

【译文】

孔子温和而严厉，有威仪而不凶猛，庄严而安详。

16.(7.34)子曰："若圣与仁，则吾岂敢？抑为之不厌，诲人不倦，则可谓云尔已矣。"公西华曰："正唯弟子不能学也。"

【译文】

孔子说道："讲到圣和仁，我怎么敢当？不过是学习和工作不知厌倦，教导别人不知疲劳，就是如此罢了。"公西华道："这正是我们学不到的。"

17.(8.17)子曰："学如不及，犹恐失之。"

【译文】

孔子说："做学问好像追逐什么似的，生怕赶不上；赶上了，还生怕丢掉了。"

18.(9.26)子曰："三军[①]可夺帅也，匹夫不可夺志也。"

［注释］

①三军：周朝的制度，诸侯中的大国可以拥有军队三军。因此便用“三军”作军队的通称。

［译文］

孔子说：“一国军队，可以使它丧失主帅；一个男子汉，却不能强迫他放弃主张。”

19.（11.16）子贡问：“师与商也孰贤？”

子曰：“师也过，商也不及。”

曰：“然则师愈与？”

子曰：“过犹不及。”

［译文］

子贡问孔子：“颛孙师（子张）和卜商（子夏）两个人，谁强一些？”

孔子道：“师呢，有些过分；商呢，有些赶不上。”

子贡问：“那么，师强一些吗？”

孔子道：“过分和赶不上同样不好。”

20.(15.17)子曰："群居终日，言不及义，好行小慧，难矣哉！"

［译文］

孔子说："同大家整天在一块，不说一句有道理的话，只喜欢卖弄小聪明，这种人真难教导！"

21.(15.30)子曰："过而不改，是谓过矣[①]。"

［译文］

孔子说："有错误而不改正，那个错误真真叫错误了。"

22.(15.31)子曰："吾尝终日不食，终夜不寝，以思，无益，不如学也。"

［译文］

孔子说："我曾经整天不吃，整夜不睡，去思考，没有益处，不如去学习。"

23.（15.32）子曰："君子谋道不谋食。耕也，馁在其中矣；学也，禄在其中矣。君子忧道不忧贫。"

［译文］

孔子说："君子用心于学术，不用心于衣食。耕田，也常常饿着肚皮；学习，常常得到俸禄。君子只着急得不到道，不着急得不到财。"

24.（16.4）孔子曰："益者三友，损者三友。友直，友谅，友多闻，益矣。友便辟，友善柔，友便佞，损矣。"

［译文］

孔子说："有益的朋友三种，有害的朋友三种。同正直的人交友，同信实的人交友，同见闻广博的人交友，便有益了。同谄媚奉承的人交友，同当面恭维背面毁谤的人交友，同夸夸其谈的人交友，便有害了。”

25.（16.5）孔子曰：“益者三乐，损者三乐。乐节礼乐，乐道人之善，乐多贤友，益矣。乐骄乐，乐佚游，乐宴乐，损矣。”

［译文］

孔子说：“有益的快乐三种，有害的快乐三种。以得到礼乐的调节为快乐，以宣扬别人的好处为快乐，以交了不少有益的朋友为快乐，便有益了。以骄傲为快乐，以游荡忘返为快乐，以饮食荒淫为快乐，便有害了。”

提问 结合本章内容说一说，孔门弟子中，你最欣赏谁？为什么？

第三章：孔子的朋友圈

孔子的恩人鲁昭公
齐景公的君臣父子
大司寇与鲁定公
褒贬参半的卫灵公
溃于蚁穴的鲁国政治
追悔莫及的鲁哀公
威武不能屈、富贵不能淫的晏子

孔子的恩人鲁昭公

还记得孔鲤出生时，送给孔子一尾大鲤鱼作贺礼的鲁昭公吧？今天，我们就来讲讲他的故事。

历史中，偶然的小事可以成为大事件的导火线，此种情形看似荒诞，其实在历史上屡见不鲜，鲁昭公就是个典型的例子。

鲁昭公二十五年(公元前517)，鲁国贵族之间的一场斗鸡纠纷，竟然引发了鲁国政变，最后鲁昭公也因介入其中而遭到驱逐。

在这之前，鲁国历史上发生过“三桓”专权的事件。所谓“三桓”，就是指鲁国孟孙氏、叔孙氏、季孙氏这三个政治家族，因他们都是鲁桓公的后代，所以称之为“三桓”。自鲁文公之后，“三桓”就在政治上互相支持，慢慢地，他们架空了鲁国国君，成了鲁国政权的实际掌控者。

而在鲁国的这次斗鸡事件中，首先是参与斗鸡的双方都违反了规则：季平子在他的鸡翅膀上涂了芥末，以便在斗鸡时造成对方鸡视力模糊，而郈昭伯竟在他的鸡爪上装了铁爪。

斗鸡的结果是季平子失败了，但他不服气，斥责郈昭伯违规，而郈昭伯也不示弱，两人就此结怨。季平子当时是鲁国的执政官，他凭借权势搞“野蛮拆迁”，在郈氏的院子里强行扩建自己的宫殿。季平子平时做官也得罪了一些人，于是，这些“反季人士”就以此事为契机，撺掇鲁昭公惩罚季平子。鲁昭公也有意打压季平子的嚣张气焰，于是就决定出兵攻打季平子。

对于鲁昭公的这个决定，当时有一个叫子家懿伯的大臣认为不妥。他认为，当时鲁国的政权实际上已经掌握在“三桓”手中了，季氏就是“三桓”的代表。鲁昭公攻打季氏，已经没有必胜的把握了。

现在，斗鸡事件发生了，鲁昭公觉得再也不能忍了，就带兵攻打季氏。季平子没有准备，突然遭到攻击之后，只好表面服软，愿意离职以接受调查。可是鲁昭公不答应，双方形成了僵持局面。

在鲁昭公和季平子对峙之际，叔孙氏加入到了支持季平子的行列，随后，持观望态度的孟孙氏也带兵去援救季平子，“三桓”联手攻击鲁昭公，鲁昭公大败，逃亡到了齐国。此后，鲁昭公再也没能回到鲁国。

其实，孔子早就预见到了这一悲剧的发生。人一旦有了权势，就容易飞扬跋扈，季氏也不例外。孔子早在看到季氏使用八佾之舞祭祀时就曾说：“八佾舞于庭，是可忍，孰不可忍？”八佾之舞是天子才有资格用的，而季氏只是卿，用此舞属于严重的僭越，非常不合乎礼制。这样的事情都忍心做，还有什么不忍心做的呢？所以鲁昭公遭到驱逐，看似偶然，其实也是必然了。

孔子看到季氏使用八佾时就知道这个国家不是实现自己仁

政理想的地方，所以早早地就来到了齐国。但是对于鲁昭公，孔子还是一直心存感激的。《论语》中就有这样一段话："陈司败问昭公知礼乎，孔子曰：'知礼。'孔子退，揖巫马期而进之，曰：'吾闻君子不党，君子亦党乎？君取于吴，为同姓，谓之吴孟子。君而知礼，孰不知礼？'巫马期以告。子曰：'丘也幸，苟有过，人必知之。'"

这段话的大意是，陈国司寇问孔子："鲁昭公知礼吗？"孔子回答："知礼。"待孔子退出来之后，陈国司寇又给孔子的弟子巫马期作揖，请进去，跟他说："我听说君子不袒护别人的过错，难道君子也会袒护别人的过错吗？鲁昭公娶了同姓的吴国公主做夫人，称之为吴孟子。如果说鲁昭公都算是知礼的人的话，那还有什么人是不知礼的人呢？"

巫马期回去就把陈国司寇的话告诉了孔子。孔子回答："我孔丘真是三生有幸，只要我有过错，别人一定会知道并指出来。"

从这段话中，我们很容易看出孔子"闻过则喜"的美德。圣人偶尔也会犯错，但是当别人指出错误时，圣人不会像凡夫一样极力掩盖，而是心情愉悦地接受监督，改正错误。

孔子为什么要替鲁昭公掩盖过错呢？这就源于早年孔子与鲁昭公之间的关系了。

孔子"年十五而有志于学"，学了两年，就很有成就了。鲁国贤大夫孟僖子去世，临终之前嘱咐两个儿子孟懿子和南宫敬叔一定要做孔子的学生，好好"学礼"，这一年，孔子仅仅十七岁；又过了两年，十九岁，孔子就得到了国君鲁昭公的礼遇。这一年，孔子喜得贵子，鲁昭公送鲤鱼祝贺，孔子就此给儿子起名孔鲤，字伯鱼。

随后，鲁昭公又接受南宫敬叔的请求，资助孔子"适周问礼"。借着这次公费游学的机会，孔子拜访了在周朝担任图书馆馆长的老子，两位圣贤见面，彼此惺惺相惜。孔子自周返鲁，弟子越来越多，名气也愈来愈大。因此，追根溯源，在孔子的成长道路上，鲁昭公算是一个"恩人"。

鲁昭公资助孔子"出国游学"，此举可谓功德无量，但鲁昭公本人却并不是一个恪守周礼的人。他娶吴国的公主为夫人，这一条明显违反周礼。因为鲁、吴均是姬姓之国，在春秋时期，礼法规定同姓不能结婚。春秋时期，国君夫人的称呼应该是国姓加本姓，鲁娶于吴，这位夫人就应该称为"吴姬"。由于鲁国也姓"姬"，如果把这称呼叫出来，那等于毫无遮拦地违反了"同姓不通婚"的周礼，所以故意改称"吴孟子"，企图掩饰一下。作为当时最著名的"周礼"大师，孔子当然知道鲁昭公此举"违礼"，但他仍然坚持说鲁昭公"知礼"，这又是为什么呢？

一个原因是，陈国司寇问鲁昭公是否知礼，孔子本身就是鲁国人，他出于爱国观念，不宜在外国官员面前公然批评本国领导人，因此才以"知礼"搪塞，这算是一种"为尊者讳"；第二，君子要知恩报恩，出于感恩心理，孔子"为恩者讳"，也不宜公然批评鲁昭公"无礼"。若上述两条成立，那么，陈国司寇的提问反倒让人感到有“无礼”之嫌。你想，一个陈国的高级官员问一位鲁国学者：你们国家的领导人到底是好人还是坏人？这个问题本身是不是有点没事找事的味道？孔子若据实回答“不知礼”，显然与臣子身份不符，若说“知礼”，则又是不说真话。这种情况下，以“无可奉告”四个字来回答似乎最妙，可惜，当时还没发明这个说法。或者，即便有了这个说法，孔子也会感觉这四个字硬邦邦的，不符合儒家温文尔雅的君子之风。

而巫马期告诉孔子陈司败所说的话时，孔子不提昭公，也不为自己辩白，反而说人家能指出我的过错，这是我的幸运啊。相对于陈司败无礼的诘问，孔子的风度跃然纸上，这种心地光明，胸怀宽广，恐怕陈司败听了，也会惭愧自己鲁莽无礼吧。

1.（7.31）陈司败[①]问昭公知礼乎，孔子曰：“知礼。”

孔子退，揖巫马期[②]而进之，曰：“吾闻君子不党[③]，君子亦党乎？君取于吴[④]，为同姓[⑤]，谓之吴孟子[⑥]。君而知礼，孰不知礼？”巫马期以告。

子曰：“丘也幸，苟[⑦]有过，人必知之。”

［注释］

①陈司败：陈，国名。司败，官名，即司寇。

②巫马期：孔子学生，姓巫马，名施，字子期，小孔子三十岁。

③党：结党，指偏袒，偏私。

④君取于吴：取，通假字，通“娶”。鲁、吴都是姬姓。

⑤为同姓：鲁为周公之后，姬姓；吴为太伯之后，也是姬姓。

⑥吴孟子：春秋时代，国君夫人的称号一般是所生长之国名加她的本姓。鲁娶于吴，这位夫人便应该称为吴姬。但“同姓不婚”是周朝的礼法，鲁君夫人的称号如把“姬”字标明出来，便是很显明地表示出鲁君违背了“同姓不婚”的礼制，因之改称为“吴孟子”。

⑦苟：如果。

［译文］

陈司败向孔子问鲁昭公懂不懂礼，孔子道：“懂礼。”孔子走了出来，陈司败向巫马期作揖，请他走近自己，然后说道：“我听说君子不会偏袒，难道孔子竟偏袒吗？鲁君从吴国娶了位夫人，吴和鲁是同姓国家，于是叫她作吴孟子。若是鲁君懂得礼，谁不懂得礼呢？”巫马期把这话转告给孔子。孔子道：“我真幸运，假若有错误，人家一定给指出来。”

2.(17.1)阳货[①]欲见孔子，孔子不见，归孔子豚[②]。

孔子时其亡也，而往拜之。

遇诸途。谓孔子曰："来！予与尔言。"曰[③]："怀其宝而迷其邦，可谓仁乎？"

曰："不可。"

"好从事而亟[④]失时，可谓知乎？"

曰："不可。"

"日月逝矣，岁不我与。"

孔子曰："诺；吾将仕矣。"

［注释］

①阳货：季氏的家臣。季氏几代以来把持鲁国的政治，阳货这时正又把持季氏的权柄。最后因企图削除三桓而未成，逃往晋国。

②归孔子豚：归，通假字，通"馈"，赠送。豚：小猪。

③曰：自此以下的几个"曰"字，都是阳货自己所说。

④亟：qì，屡次。

［译文］

阳货想要孔子来拜会他，孔子不去，他便送孔子一个（蒸熟了的）小猪。

孔子探听阳货不在家的时候，才去拜谢。

（不巧）两人在路上碰着了。阳货叫住孔子道："来，我同你说话。"他说："自己有一身的本领，却听任着国家的事情糊里糊涂，可以叫作仁爱吗？"

孔子答："不可。"

阳货说："一个人喜欢做官，却屡屡错过机会，可以叫作聪明吗？"

孔子答："不可。"

阳货说："时光一去，就不再回来了呀。"

孔子说："好吧，我打算做官了。"

提问 别人犯了错误你会直接指出来吗，还是会注意一下场合和地点？

齐景公的君臣父子

孔子论为政，推广仁政，像给弟子传授“仁”的概念一样，针对不同的提问者，会给出不同的答案，例如我们大家都很熟悉的“君君臣臣，父父子子”这句话，就是针对齐景公开的一剂对症之药。

当年鲁昭公因参与季平子与郈昭伯的“斗鸡事件”而被驱逐（公元前517），孔子恰好三十五岁。孔子说：“危邦不入，危城不居。”鲁国发生了季孙氏、叔孙氏、孟孙氏三家大夫合伙驱逐国君之事，孔子赶紧“适齐”，躲到了齐国。

三十五岁的孔子已然是国际闻名的大学者了。到了齐国之后，他与齐国的乐师讨论音乐，说：“乐其可知也：始作，翕如也；从之，纯如也，皦如也，绎如也，以成。”随后他还在齐国听到了《韶》乐，美妙的《韶》让他“三月不知肉味”。对孔子的种种表现，“齐人称之”。随后，就连齐景公也向孔子问政，孔子回答：“君君，臣臣，父父，子子。”意思是国君要遵守君道，有个国君的样子，臣子守臣子本分，有个臣子的样子；同理，当爹要像个当爹的样儿，为人子女的也有个为人子女的样儿，不可乱了规矩。

听了孔子的回答，齐景公非常高兴，他说："善哉！信如君不君，臣不臣，父不父，子不子，虽有粟，吾得而食诸？"意思是，您说得太好了。如果国君不像国君，臣子不像臣子，父亲不像父亲，子女不像子女，那就算是有粮食，我又怎么能吃得下去呢？

孔子说这句话有着极强的针对性。齐景公当政之前，齐国就发生过崔杼弑齐庄公之事，其后，崔氏、庆氏都曾先后控制齐国政权。即便在齐景公问政孔子之际，齐国国政也为国氏、高氏、陈氏等几个大的政治家族所掌控。真真是个君不君，臣不臣。齐景公虽然贪图享乐，但他不笨，有复兴齐国霸业的壮怀激情。他在位期间，以晏子为相，尚能于春秋末期维持住齐国的大国地位。

他第一次向孔子问政，收获很大。于是又抽出时间，再次向孔子请教，他日又复问政于孔子。这次孔子的回答是：政在节财。意即为政不可瞎折腾，乱花钱，大搞排场，大搞个人享乐。要知道，齐景公本人就是一个爱搞楼堂馆所、喜欢享乐的主儿。可以说，孔子这次的回答针对性更强，批评的锋芒直接指向齐景公本人。有良知的知识分子与帮闲文人的差别正在于此。"君子之爱人也以德，细人之爱人也以姑息"，君子"志在求道"，"文以载道"，以言说弘扬道义，即便面对有权有势者亦不改初衷，而小人则溜须拍马，通过给有权有势者抬轿子的方式来给自己捞取名利。

应该说，齐景公还是很有修养的。他并没有因为孔子“暗讽”自己而恼羞成怒，反而觉得孔子说到了点子上，还想重用孔子，“欲以尼谿田封孔子”。若此事成行，春秋后期齐鲁两国的历史恐怕都会被改写。可惜的是，孔子在齐国的从政之路被晏子所阻止。

晏子也是春秋时期的贤者，他有很好的德行和智慧，也有治国之才，可是他对孔子及其所倡导的儒家思想并不认同。他对齐景公说：“夫儒者滑稽而不可轨法，倨傲自顺，不可以为下；崇丧遂哀，破产厚葬，不可以为俗；游说乞贷，不可以为国。自大贤之息，周室既衰，礼乐缺有间。今孔子盛容饰，繁登降之礼，趋详之节，累世不能殚其学，当年不能究其礼。君欲用之以移齐俗，非所以先细民也。”晏子这段话的主要意思是说，孔子研究那些繁复的礼仪，阐述那些先贤的治国之道，这些在今天这个乱世根本不适用。学那些复杂的礼仪，得花费多大的时间成本呀！要让国家达到他所说的“大治”，那得等到什么时候呀？反正在您的任期内恐怕没戏。晏子是齐国国相，晏子这么一说，齐景公也信心不足了，史书载，“后，景公敬见孔子，不问其礼”。他见了孔子还是非常尊敬，但是已经不再用心请教周礼了。

鲁昭公二十六年（公元前516）的一天，齐景公在他宽敞、华美的宫殿召见大臣晏子。君臣对坐之际，齐景公突然叹了口气，感慨地说：“我这个宫殿多么美丽呀，以后谁有资格拥有它呢？”晏子问：“你说这话什么意思？”齐景公说：“我想大概是有德行的人拥有它吧。”

这么一说，晏子就明白了。齐景公意识到齐国不久之后可能会易主，这座华美的宫殿亦将随之转入外姓人之手，遂发出了这样的感慨。

既然国君都这么说了，晏子也就不客气了。他接着说："如果按照您的说法，我觉得日后拥有这个宫殿的应该是陈氏家族。陈氏家族虽然没有大的德行，但是肯对百姓施舍。饥荒之年，他们借粮食给百姓，用大斗借出，百姓还债时，他们用小斗收账。君主您对百姓的税赋很重，陈氏家族却对百姓施舍很多，民心已经归顺陈氏了。您的后代如果稍微有所懈怠，而陈氏又不灭亡的话，那么整个齐国就会转归陈氏。"

这究竟是怎么回事呢？说来话长，公元前672年，陈国发生了一次内乱，陈厉公的儿子公子完逃亡到了齐国。齐桓公很器重他，要任他为卿。陈完力辞，说您能收留我就很不错了，我怎么敢再在贵国当这么大的官呢？最后，齐桓公只好任命他为"工正"。"工正"是掌管百工的技术职位，陈完接受了。陈完在齐国立足之后，改陈氏为田氏。

田氏家族在齐国不断发展壮大，并逐渐介入到了贵族之间的政治斗争之中。齐景公时期，田氏于公元前545年联合鲍氏、栾氏、高氏等政治家族，共同灭了执掌国政的庆氏家族；公元前532年，田氏又联合鲍氏灭掉了专权的栾氏，并召回了流亡在外的齐国的公子、公孙，此举使田氏得到了齐国公室的支持。为表彰田氏家族对齐国公室的忠诚，公室将"高唐之邑"封给田氏家族。有了高唐这块根据地之后，"陈(田)氏始大"。

齐景公是一个暴虐无道的国君，他对老百姓征收极重的赋税用以个人享受，同时还用严酷的刑罚镇压百姓。《左传》记载："民参其力，二入于公，而衣食其一。公聚朽蠹，而三老冻馁。国之诸市，屦贱踊贵。"意思是，齐国百姓的收入，三分之二都被公室征收，只有三分之一用于自家维持生计。齐景公积聚的财物都腐烂起蛀虫了，可是农、工、商这三种人老了之后还常常挨饿受冻。齐国市场上，正常人穿的鞋子很便宜，可供断了脚的人穿的"踊"却非常昂贵(因为受刖刑而断足的人实在是太多了)。人民对齐景公的残暴统治不满，怨声载道，"民人苦病，夫妇皆诅"，意思是，齐国的百姓都活得苦哈哈的，幸福指数极低，他们都诅咒齐景公及其所代表的政权。

就在民众对齐景公极度失望之际，身为卿大夫的田氏开始收买人心。遇到灾荒之年，田氏就向民众贷粮。一般的贷粮都是"小斗出，大斗入"，为的是收利息。可田氏正好相反，"以家量贷，以公量收之"，因田家的家量大于公量，这种放粮贷就成了贷多收少了。这样一来，齐国百姓对田氏"爱之如父母，而归之如流水"，田氏家族由此得到了齐国民众的拥戴。这可以说是田氏买下的最大一笔"股票"，这种"股票"无法用数字来衡量，因为它的名字叫民心。

俗话说"心里明白腿打摽"，说的就是齐景公这样的人。他虽然心里很明白事情该怎么做，嘴上也会说，可就是不能把道理落实到行动中。为什么呢？他们不能克服自己因循苟且的弱点。要把真理落实到行动中，需要克服自身的弱点。你要求别人守礼，自己先要守礼；你要给百姓以恩惠，就不能横征暴敛以供自己享乐。可是，一个人放荡惯了，享乐惯了，若没有极大的决心和毅力，很难改过迁善，乐于过艰苦朴素、守礼守法的生活。

齐景公的悲剧就在于他们的清醒仅仅止于感慨，缺少切实行动的配合。结果，齐国的政治一天一天地坏了下去。

齐景公死后，齐景公之子姜荼为国君。姜荼的妈妈并非齐景公的正室，只是一个宠妾，再加上姜荼年少，母贱无行，子少不贤，缺乏足够的政治威望。姜荼害怕其他兄弟跟自己争权，继位之后就“逐群公子”，把异母兄弟全都赶出了齐国。他以为这样自己的国君之位就安全了，殊不知这正好授人以口实。公元前489年，田氏家族的代表人物田乞以此事发难，攻入公室，废掉了公子荼，重新立公子阳生为国君，是为齐悼公。齐悼公为田乞所立，理所当然，田乞为齐国相，执掌齐国国政。

齐悼公死后，齐简公继位。田乞之子田常与贵族监止一同辅佐简公。田常与监止不和，遂于公元前481年发动政变，杀掉了监止，接着又杀掉了齐简公，立简公的弟弟姜骜为国君，是为齐平公。自此之后，齐国之政皆归于田常，至此，齐国的“股权转让”基本完成。到公元前379年，田常曾孙田和废掉齐康公，自立为侯。姜氏与田氏之间彻底完成了有关齐国的“股权转让”手续，齐国国君的姓氏也相应地由姜姓改成田姓了。

1.(12.11)齐景公问政于孔子。

孔子对曰:“君君,臣臣,父父,子子。”

公曰:“善哉!信如君不君,臣不臣,父不父,子不子,虽有粟,吾得而食诸?”

【译文】

齐景公向孔子咨询政事。

孔子答道:“君要像个君,臣要像个臣,父亲要像父亲,儿子要像儿子。”

齐景公说:“对呀!如果君不像君,臣不像臣,父不像父,子不像子,即使粮食很多,我能吃得着吗?”

2.(16.12)齐景公有马千驷[①],死之日,民无德而称焉。伯夷、叔齐饿于首阳之下,民到于今称之。其斯之谓与?

【注释】

①驷:古代一般用四匹马驾一辆车,所以一驷就是四匹马。

【译文】

齐景公有马四千匹，死的时候，百姓觉得他没有什么德行值得称颂。伯夷、叔齐两人饿死在首阳山下，大家到现在还称颂他们。那就是这个意思吧！

3.（18.3）齐景公待孔子曰："若季氏，则吾不能；以季孟之间待之。"曰："吾老矣，不能用也。"孔子行。

【译文】

齐景公讲到对待孔子的礼节时说："像鲁君对待季氏一般对待孔子，那我做不到；我要用次于季氏而高于孟氏的礼节来对待他。"（不久）说道："我老了，不能用他了。"孔子离开了齐国。

提问 你认为"君君臣臣，父父子子"的原则还适合我们现在的社会吗？

大司寇与鲁定公

鲁定公是鲁昭公的庶弟,他的国君之位也是从鲁昭公那里继承来的。他当上国君之际,鲁国的政权已然被“三桓”把持了。鲁定公当然不甘心大权旁落,他在等待机会,设法改变“三桓专权”的局面。

机会还真就来了。鲁定公五年,鲁国最大的权臣季平子去世,季桓子继承了老爸的位置,当上了季氏家族的主人。可是,季氏的家臣阳货不服,囚禁了季桓子,并趁机发动叛乱,试图“尽杀三桓適,而更立其所善庶子以代之”。“三桓”联手,费了好大的劲儿才平定了阳货之乱。阳货之乱暴露了“三桓专权”的软肋——你们架空鲁国国君有一套,可对付一个叛乱的家臣却不怎么给力,这算什么国家柱石呀?于是,鲁定公就想借着阳货叛乱的由头,慢慢地削弱“三桓”的权力。这个时候,鲁定公是很有眼光的,他寻找的合作对象就是孔子。

鲁定公为啥会选中孔子作为合作对象呢?其一,孔子曾遭阳货排挤、打压。后来,孔子名气大了,阳货在当政期间还想拉拢孔子，孔子不肯与阳货合作。现在，阳货叛乱平定，孔子“政治正确”的先见之明立马凸现了出来。其二，孔子一直主张“正名”，即“君君臣臣父父子子”，倡导一种名实相符、权责明晰的政治治理结构和权力分配关系。按照孔子这种主张，像阳货这样的家臣，不宜掌握太大的权力。

于是，年过半百的孔子开始了他一生中的为官生涯。他的仕途一开始非常顺利，先做中都宰一年，随后提拔为司空，很快又由司空升为司寇。升为大司寇之后，孔子在外交上做了一件极漂亮的事。

齐景公与鲁定公在夹谷举行会盟，此时的孔子已经受到鲁定公重用。孔子以“好礼”著称，此次齐鲁两君的会盟仪式自然由孔子担任主持人。会盟之前，齐国大夫犁弥对齐景公说：“孔子懂得礼仪，但是没有勇气，如果派莱人用武力劫持鲁侯，我们的愿望就一定能实现。”齐景公听从了犁弥的话。

齐景公和鲁定公相见礼毕，齐国的官员向齐景公请示：“请奏四方之乐。”结果，莱人拿着兵器“鼓噪而至”，说是来献武，实际上是想劫持鲁定公。孔子对此招早有防备，遂带着鲁定公往后退，同时说：“卫兵们快杀了他们！两国国君友好会见，而华夏之地以外的夷人俘虏却用武力来捣乱，这不是齐国国君的命令。华夏以外的人不得图谋中原，夷人不得触犯盟会，武力不能逼迫会盟。这样做对神灵是不吉祥的，对德行是伤害，对人来说是丧失礼仪，国君一定不会这样做。”

听了孔子义正词严的话，齐景公赶紧叫莱人退下。

过一会儿,齐国官员又说:“请奏宫中之乐。”结果,优倡侏儒“为戏而前”。孔子再次出面阻止,“趋而进,历阶而登”,然后大义凛然地说:“匹夫而营惑诸侯者,罪当诛。请命有司。”意思是说,这些“优倡侏儒”竟敢在诸侯面前演低俗节目,属于目无诸侯,“罪当诛”。结果,齐国的这批优倡侏儒就受到刑罚,“手足异处”了。

举行盟誓时,齐国人在盟书上加上了这样的话:“一旦齐国军队出境作战,鲁国如果不派三百辆兵车跟随我们,就按此盟誓接受惩罚。”

孔子派兹无拱手回答:“如果你们不归还我们汶水北岸的土地,却要让我们供给齐国所需,也要按盟约接受惩罚。”

在夹谷之会上,由于孔子的出色表现,齐国没有占到鲁国的任何便宜。齐景公“惧而动,知义不若,归而大恐”。他先是被孔子的凛然正气所震慑,知道自己所行不义,等回国之后又“大恐”,并拿出孔子与他手下的大臣做比较,对群臣说:“鲁以君子之道辅其君,而子独以夷狄之道教寡人,使得罪于鲁君,为之奈何?”意思是说,人家鲁国的孔子以君子之道辅佐国君,你们却让我用夷狄之道,结果使我在鲁国国君面前丢了脸,现在,怎么才能挽回点面子呢?有大臣告诉齐景公:“君子有过则谢以质,小人有过则谢以文。君若悼之,则谢以质。”意思是给鲁国送点实际礼物以示谢罪。齐景公接受了这个建议,“归所侵鲁之郓、汶阳、龟阴之田以谢过”。

有了夹谷之会上的出色表现,孔子进一步得到了鲁国上上下下的认可。四年之后，鲁定公十四年（公元前497），孔子“由大司寇而摄相事”，跻身鲁国最高决策层。结果，孔子主政三个月，鲁国大治：商人不再造假售假，男女老少都好学知礼，甚至出现了路不拾遗的极佳治安局面。

孔子治理鲁国，效果显著。此事传到齐国之后，齐景公非常后悔当初没有重用孔子。后悔之余，他也很害怕：若鲁国强大了，作为邻国的齐国岂不是有被吞并的危险？为了对付鲁国，齐国决定用美女、良马瓦解鲁国君臣的斗志，赠给鲁定公“女子好者八十”“文马三十驷”。齐国人的这一招很厉害，鲁定公和鲁国的执政官季桓子在关键时刻经受不住女色和金钱的诱惑。季桓子“受齐女乐，三日不听政”，举行祭祀之后又没按照规定送给高级官员祭肉。孔子没收到应得的祭肉，就知道季桓子和鲁定公压根不想再恢复周礼了，鲁国也无法再用礼乐精神来治理了。于是，孔子毅然辞职，离开鲁国，去了卫国，从此开始了他的又一段人生经历——周游列国。

孔子出生平民阶层，又生逢春秋末年的乱世，但他从不自暴自弃。他凭着孜孜以求的好学精神迅速成为著名学者，并闻名于诸侯。孔子怀抱理想，四处寻找合作对象。在还没有周游列国之前，他最先选中的诸侯就是齐景公。两个人也一度谈得很投机，可就在关键时刻，晏子打碎了孔子在齐国从政的希望。之后，鲁定公成了孔子选定的第二个合作对象，鲁定公给了孔子展示政治才华的机会，孔子也没有让鲁定公失望。可是，就在孔子的仕途一帆风顺之际，齐景公出于“国家利益”

的考虑，又使出阴招，阻止孔子在鲁国进一步推行“仁政”的治国理念。

孔子能在夹谷之会这样的正式外交场合凭着凛然正气折服齐景公，但他却不能让鲁定公和季桓子不中齐景公的阴招。当鲁定公和季桓子被齐景公送上的“糖衣炮弹”击中之时，孔子原本顺利的仕途以及鲁国蒸蒸日上的国势也不得不戛然而止。

屈原去国怀乡，内心痛苦得不得了，最后投江自杀了。失去了鲁定公的信任之后，孔子也是去国怀乡，内心肯定同样痛苦，但孔子的内心非常强大，他非但没有自杀，反而在绝望之中走出了一条新的人生之路——周游列国。孔子周游列国，其仁政的主张虽然没有推销出去，但他在这个过程中宣传了自己的思想主张，亦算斩获良多。看来，只要内心足够强大，痛苦绝望之际，有时亦可成为转机闪现之日。

1.（3.19）定公问：“君使臣，臣事君，如之何？”孔子对曰：“君使臣以礼，臣事君以忠。”

【译文】

鲁定公问：“君主使用臣子，臣子服事君主，各自应该怎么样？”孔子答道：“君主应该依礼来使用臣子，臣子应该忠心地服事君主。”

2.（13.15）定公问：“一言而可以兴邦，有诸？”

孔子对曰：“言不可以若是其几[①]也。人之言曰：‘为君难，为臣不易。’如知为君之难也，不几[②]乎一言而兴邦乎？”

曰：“一言而丧邦，有诸？”

孔子对曰：“言不可以若是其几也。人之言曰：‘予无乐乎为君，唯其言而莫予违也。’如其[③]善而莫之违也，不亦善乎？如不善而莫之违也，不几乎一言而丧邦乎？”

【注释】

①几：希望。

②几：几乎，接近。

③其：代词，指所说的话。

【译文】

鲁定公问：“一句话可以兴盛国家，有这样的事情吗？”

孔子答道：“说话不可以这样简单机械啊。（不过）人家都说：‘做君上很难，做臣子不容易。’假如知道做君上的艰难（自然会谨慎认真地去干），不近于一句话便兴盛国家吗？”

定公又道：“一句话丧失国家，有这事吗？”

孔子答道：“说话不可以这样简单机械啊。（不过）人家都说：‘我做国君没有别的快乐，只是我说什么话都没有人违抗我。’假若说的话正确而没有人违抗，不也好吗？假若说的话不正确而也没有人违抗，不近于一句话便丧失国家吗？”

提问 你认为正确的事情如果没有人支持你，你会怎么做呢？

褒贬参半的卫灵公

小时候看电视，当屏幕中闪现出一个你并不熟悉的身影时，你是不是会立刻问道："这是好人还是坏人？"那时候在你的小脑袋里，世界上的人是清晰地分为好与坏两大类的。可是长大后，你会慢慢发现，好人有的时候也会做坏事，坏人往往也有很多优点。这时你会不会变得糊涂起来，到底什么样的人才是好人，或者我们到底应该怎样评价人呢？谁才是值得我们去交朋友的人？

现在我们就来读一读卫灵公的故事，看看孔子是如何与这类好坏参半的人交往的吧。

卫灵公是春秋后期卫国的一位主要的国君，在位时间长达42年（公元前534—公元前493）。他统治期间，卫国很富庶，还在诸侯国中赢得了"卫多君子"的美誉。

孔子晚年的时候，鲁哀公曾问孔子："现在的诸侯国国君中，谁最贤？"这样的问话当然是有期待的，很像白雪公主恶毒的后母喜欢问镜子："谁是世界上最美丽的人？"鲁哀公最希望得到的回答是："当然是您了。你是世界上最贤明的君主。"

可惜的是,孔子不喜欢拍马屁。孔子实话实说道:“最贤的我还没见过,相比之下应该是卫灵公吧?”

鲁哀公很不服气,说:“我听说卫灵公声名狼藉,夫人无德,你怎么说他是贤君呢?”

孔子答:“我说的是他的朝政,不是他的家事。”鲁哀公又问:“他的朝政如何?”

孔子给鲁哀公解释说,卫灵公之弟公子渠牟很有才干,智信兼备,灵公“爱而任之”;林国和庆足一个“见贤必进”,一个有大事“则必起而治之,国无事则退而容贤”,灵公对这两个人也是“贤而尊之”“悦而敬之”;还有大夫史狗、史鱼、蘧伯玉等人,都是有名的君子。人才关乎国运,能用这些有才华的人物辅佐朝政,可见卫灵公并不昏聩。

另外,卫灵公还很勇猛。鲁定公九年(公元前501),卫灵公带兵车五百乘欲过中牟,当时晋国有兵车千乘在中牟。两军对峙之际,卫灵公豪情万丈地说:“我们卫国的兵车有中牟的一半,我本人也可以抵他们的另一半,加起来正好和他们的兵力匹敌!我们前进!”

看着卫国军队气势汹汹地过来,从卫国逃亡到晋国的褚师圃跟晋军说:“卫国的兵力虽少,但卫灵公在那儿,他们气势正盛,是不可战胜的,我们还不如打齐国的军队。”于是,他们躲避了卫国军队,改而攻击齐军,结果缴获了齐国的战车五百乘。

孔子与卫灵公的交往也很有意思。孔子周游列国,第一个去的国家就是卫灵公治理之下的卫国。灵公对孔子也很好,立马给孔子“奉粟六万”,这与孔子在鲁国做大司寇兼国相时的待遇一样,是很高的薪水了。应该说,卫灵公对孔子是很尊重的。正因如此,孔子在卫国生活得不错,还收了不少高徒,比如子贡。此外,孔子还在卫国结交了不少志同道合的君子,比如蘧伯玉、史鳍等。难得君主如此尚贤,看起来,卫国似乎是孔子推行仁政的理想之地了。但是,孔子最终还是离开了卫国,这又是为什么呢?

《论语》记载:“卫灵公问陈(阵)于孔子。孔子对曰:‘俎豆之事,则尝闻之矣;军旅之事,未之学也。’明日遂行。”这段话的意思是,卫灵公向孔子请教如何排兵布阵的事。孔子回答,关于礼仪方面的事情,我认真学习过;关于军队如何作战的事情,我没学过。这次谈话的第二天,孔子就毅然决然地离开了卫国。

孔子的军事知识其实也是很渊博的,冉有有一次指挥鲁国军队打了一次胜仗,鲁国的执政官季康子问他,你指挥作战的才华是跟谁学的?冉有回答,是跟孔子学的。可见,孔子不跟卫灵公谈军事是“非不能也,是不为也”——作为一个和平主义者,孔子希望的是国君接受自己的仁政,而不是用兵法去发动战争。

在此之前,卫灵公还做过一件让孔子不能忍受的事情。有一次,卫灵公出游,他与夫人南子、宦官雍渠同乘一辆车在前头,却让孔子乘在第二辆车上,招摇过市。孔子很生气地说:“吾未见好德如好色者也。”再加上卫灵公向孔子问军事而不问仁政,孔子很失望,于是离开了卫国。这也就是史书所记载的“卫灵公与雍渠载,孔子适陈”的事情了。

孔子离开卫国之后，到宋、郑、陈等国家周游了三四年，依然不得志。这时他又回到了卫国。卫灵公不计前嫌，“闻孔子来，喜，郊迎”。国君“郊迎”在春秋时代是一个很隆重的礼节，可见，卫灵公从心底里还是很敬佩孔子的。可惜的是，卫灵公此时已老，“怠于政，不用孔子”。就这样，孔子最终也没能在卫国推行他的仁政，卫灵公也先后两次错过了与孔子深度合作的历史机缘。对此，孔子喟然叹曰：“苟有用我者，期月而已，三年有成。”可见孔子对没得到卫灵公的重用也深感惋惜。但即使这样，孔子并没有放弃自己的原则。

1.（14.19）子言卫灵公之无道也，康子曰：“夫如是，奚而[①]不丧[②]？”孔子曰：“仲叔圉治[③]宾客，祝鮀治宗庙，王孙贾治军旅。夫如是，奚其丧？”

［注释］

①奚而：为什么。

②丧：亡国丧位。

③治：管理。

［译文］

孔子讲到卫灵公的昏乱，康子道：“像这样，为什么不败亡？”孔子道：“他有仲叔圉接待宾客，祝鮀管理祭祀，王孙贾统率军队，像这样，怎么会败亡？”

2.（15.1）卫灵公问陈[①]于孔子。孔子对曰：“俎豆之事[②]，则尝[③]闻[④]之矣；军旅之事，未之学也。”明日遂行。

【注释】

①陈：通假字，通“阵”，兵阵，指军事。

②俎豆之事：俎和豆都是古代祭祀行礼时使用的盛肉食的器皿，借指有关礼仪方面的事情。

③尝：曾经。

④闻：听说。

【译文】

卫灵公向孔子问军队陈列之法。孔子答道：“礼仪的事情，我曾经听到过；军队的事情，从来没学习过。”第二天便离开卫国。

3.（6.28）子见南子，子路不说[①]。夫子矢[②]之曰：“予[③]所[④]否者，天厌之！天厌之！”

【注释】

①说：通假字，通“悦”。

②矢：誓，发誓。

③予：我。

④所：如果，假设，只用在誓词中。

【译文】

孔子去和南子相见，子路不高兴。孔子发誓道：“我假若不对的话，天厌弃我吧！天厌弃我吧！”

提问 在坚持原则和达成目的这两者之间，你会怎样选择呢？你赞同孔子的做法吗？

知识积累：

春秋时期的车马

在战国以前，车和马是相连的，一般来说，没有无车的马，也没有无马的车。所以，御车也就是御马，乘马也就是乘车。驾两马为骈，驾三马为骖，驾四马为驷。马车的车厢叫舆，这是乘人的部分。舆的前面和两旁用木板作为屏蔽，乘车的人从舆的后面上车。孔子“升车，必正立执绥”，绥是车上的绳子，供人上车时拉手用的。乘车的时候是站在车舆里的，叫作“立乘”。行车的途中扶住舆前部的横木俯首表示敬礼。乘车时尚左，尊者在左，御者在中，在右的为陪承。像卫灵公这样，让孔子乘在第二辆车上，就是非常的不尊重了。

溃于蚁穴的鲁国政治

在春秋时期的鲁国历史上，“三桓专权”是一件大事。所谓“三桓”，指的是代表鲁国私家势力的季孙氏、叔孙氏、孟孙氏三大政治家族，因为这三家都是鲁桓公的后代，因此被称为“三桓”。所谓“专权”，就是这三个家族控制了鲁国政权，国君的权力反而被架空了。

这种情况是怎么发生的呢？事情还得从公元前609年说起。这一年，鲁文公去世了。鲁文公有两个妃子，长妃哀姜，生子恶和视；次妃敬嬴，生子倭。鲁文公去世，按照当时的礼法，应该是嫡长子恶继承国君之位。可是，次妃敬嬴与鲁国权臣襄仲有私情，于是她就要求襄仲拥立自己的儿子倭当国君。襄仲提出要立倭作国君，但是另一大臣叔仲不同意。此事在鲁国国内没通过。襄仲不甘心，又谋求国际势力支持。他找到了齐惠公。恰好，齐惠公刚当上齐国国君不久，正希望与鲁国搞好关系，就答应了襄仲拥立公子倭的请求。得到齐国撑腰之后，襄仲就杀了恶和视，然后立倭为鲁国国君，是为鲁宣公。

杀嫡立庶的内乱发生之后，鲁国公室的势力受到了很大打击。另一方面，“三桓”则借机大肆发展势力，由此鲁国出现了“公室卑，三桓强”的政治局面。

以前，鲁国的执政官都是由公室成员担任，内乱发生之后，执政官改由“三桓”中势力最强的一家出任。利用执政官的身份，“三桓”在政治上逐渐架空了国君，在经济上逐渐削弱了公室。原来，鲁国有“二军”，皆由国君及其公室控制。可是，到了公元前 562 年，鲁国“作三军”，“三桓”则“三分公室而各有其一”。要知道，鲁国当时实行的是军政合一的体制，这等于说，鲁国从此被分成了三大股份公司，“三桓”各得其一。过了不久，“三桓”又“四分公室，季氏择其二，二子各一，皆尽征之，而贡于公”。这一次，他们三大政治家族重新划分了股权，鲁国被分成了四大股份，势力最强的季孙氏控制了两股，孟孙氏和叔孙氏各得一股。至于鲁国国君，只能象征性地从这三大家族那里接受一点“贡奉”。

鲁昭公当国君时，不甘心大权旁落，试图削弱“三桓”势力。剩下的事情大家在读鲁昭公的故事中就已经知道了，一场偶然的斗鸡事件引发了“三桓”与昭公的较量，结局以昭公出逃收场。

但是，如果我们将鲁国的历史与整个春秋时代联系起来看，就会发现，这小小的偶然之后隐藏着巨大的必然，为什么这么说呢？我们先把历史的时间轴放大开来看。

早在鲁国的第十三代国君鲁隐公时，按周朝的传统礼法，立嫡不立庶，立长不立贤，鲁隐公本来没机会当上鲁国国君，但因惠公死时太子姬允（即后来的桓公）还太小，因此鲁隐公上台“摄政”。鲁隐公在鲁国执政十一年，政绩平平常常，无大功亦无大过，《左传》着力记载的是他“不守规矩”的两件小事。

第一件事，鲁隐公五年春，他不顾叔父臧僖伯的劝阻，非要跑到棠地（今山东金乡）去观看捕鱼。按照周朝礼法，诸侯国国君该干的事“在祀与戎”，只有祭祀和战争才需要诸侯亲自参与，像捕鱼这样的小事、热闹事，国君不该去看。可是，鲁隐公根本不听劝阻，非要去棠地观鱼，还编理由说：“吾将略地焉”，意思是说“我要到棠地去视察工作”。国君带头破坏礼法，还找借口掩饰，这当然不对。因此《春秋》记载：“公矢鱼于棠”，意思是说，鲁隐公到棠地去观看捕鱼，这件事做得不对。

第二件事，“始作六佾”。鲁隐公五年秋天，鲁隐公主持了鲁太子生母陵寝的落成典礼，典礼上用了“六佾之舞”。春秋时期，执羽的舞者八人一列为一佾，六佾就是六列，按照周礼，天子用“八佾之舞”，三公用“六佾”，诸侯用“四佾”，士大夫用“二佾”。鲁隐公是诸侯，用“六佾”是僭越之举。《春秋》里说鲁隐公初献六羽，始为六佾，这个“初”和“始”两个字就是讽刺鲁隐公带头僭越周礼。从此以后，各种不守规矩的事情层出不穷，越演越烈。到了春秋末期，鲁国政权落在卿大夫孟孙氏、叔孙氏、季孙氏三家之手，史称“三桓”执政。这个时期，周礼彻底被毁坏，季孙氏执政之时，竟然使用“八佾”之舞，所以孔子才愤慨地说：“八佾舞于庭，是可忍也，孰不可忍也。”季氏不但用八佾之舞，还去泰山祭祀。祭泰山是天子之礼，季氏以卿大夫的身份祭泰山，是严重的僭越。当时，孔子的弟子冉有正在季氏那里做官，孔子问冉有：

“女弗能救与？（你能劝阻他吗？）”对曰：“不能。”子曰：“呜呼！曾谓泰山不如林放乎！”意思是说泰山之神还不如林放懂得礼制吗？也就是说泰山之神是不会接受这种非法祭祀的。林放是鲁国人，曾虔诚地向孔子请教礼法。孔子以此来批评季氏的僭越之举。

鲁隐公破坏规矩的两件小事，事虽小，其象征意义却很大。鲁隐公开了诸侯国国君不守礼法的先河，这是一个坏榜样。既然有权有势的诸侯国国君可以不把周天子放在眼里，那么有权有势的卿大夫也可以不把诸侯国的国君放在眼里。可以说，春秋时期的鲁国历史，始于鲁隐公初献六羽，始作六佾，终于季孙氏“八佾舞于庭”。

从权力结构来说，春秋时期是一个权力不断下移的时代，先是周天子大权旁落于各诸侯，随后，各诸侯的权力又落入卿大夫之手，掌权者“名”“实”之间的分裂现象越来越严重，越到最后，越“名不正言不顺”。所以孔子才大声疾呼：“必也正名乎，名不正，则言不顺，言不顺则事不成。”从道德风气演变而言，春秋时期是礼法不断被破坏，人们越来越不守规矩的时代，正所谓“礼崩乐坏”，所以孔子才念兹在兹地要恢复“周礼”。这两个过程互为因果地交织在一起。从这个意义上，我们可以说鲁隐公的“两件小事”很有象征意义。各诸侯国中，鲁国是保留周礼最完整的“礼仪之邦”，可是，到了鲁隐公时代，连“礼仪之邦”的鲁国国君都不守规矩了，“礼崩乐坏”的春秋时代也就开始了。

“三桓”之中，尤以季孙氏的势力最强。季平子、季桓子、季康子祖孙三代连续担任鲁国的正卿（执政官），事实上成了鲁国的"第一政治家族"。恰好，孔子与季孙氏家族的三代领导人均打过交道。

孔子幼年丧父，家境贫寒。为养家糊口，孔子刚刚踏入职场的时候，就在季氏家做"小吏"，为季氏家做文书，管理仓库及马匹等。有一次，季平子设宴款待鲁国的文人雅士，孔子亦在被邀请行列，可见，季平子还是很认可孔子的。可是，季平子的家臣阳货认为孔子身份低贱，没资格出席季氏高级别的宴会，遂在宴会上羞辱了孔子。阳货和孔子两人由此交恶。

孔子成名之后，发现季平子飞扬跋扈，无视礼法。身为鲁国的正卿，季平子祭祀的时候居然用天子的"八佾之舞"。孔子非常气愤地批评季平子，说："八佾舞于庭，是可忍也，孰不可忍也！"意思是，季平子连天子的礼乐都敢用，还有什么事他不敢做呢？果然，季平子后来驱逐了鲁国国君鲁昭公，自己独揽了鲁国大权。

抢班夺权的风气一开，就不好刹住。既然季平子可以驱逐鲁国国君，那么季氏的家臣阳货也随之效仿、跟进。在季平子死后，阳货囚禁了季平子的接班人季桓子，并发动了叛乱，一度控制了鲁国的政权。后来，季孙氏、叔孙氏、孟孙氏三家联手才平定了阳货的叛乱。

平定了阳货叛乱之后，鲁定公开始重用孔子，孔子在很短的时间内就由中都宰升为大司寇，并由大司寇行摄相事，俨然成了鲁国的三把手。孔子之上，一个是国君鲁定公，另一个就是正卿季桓子。孔子治理鲁国三个月,国政大治,“路不拾遗”。见此,齐国很害怕,就使用美人计,试图用“糖衣炮弹”瓦解鲁国君臣的意志。他们送给鲁定公和季桓子一批美女和骏马。季桓子经受不住诱惑,“卒受齐女乐”,然后,便“三日不听政”,怠于政事。孔子见此情形,愤而辞职,离开了鲁国,开始了周游列国的生涯。

季桓子知道孔子辞职是因为他贪恋美色,喟然叹曰:“夫子罪我以群婢故也夫!”意思是,我因为贪恋齐国的美女而遭到了孔子的怪罪呀。言辞之中,颇有惋惜之情。孔子走后,季桓子主政鲁国,搞了十多年也没啥起色。季桓子去世之前,再次喟然叹曰:“昔此国几兴矣,以吾获罪于孔子,故不兴也。”意思是,当初鲁国都快强盛起来了,就因为我得罪了孔子,他走了,鲁国没强大起来。然后嘱咐他的儿子季康子说,我死了,你接班主政鲁国。你主政后,一定想法把孔子召回来。说完这话不几天,季桓子就去世了。

季康子接班之后,很快就安排召孔子回国之事。孔子此时已是名闻诸侯的大学者了,不是随便就能召回的。于是,季康子采取了曲线救国的办法,他先召冉求。冉求是孔子的优秀弟子,他想通过冉求去请孔子回国。公元前484年,季康子提拔冉求做家臣,然后让冉求请孔子回鲁国。于是,孔子结束了十四年周游列国的岁月,回到了鲁国。

回到鲁国之后,季康子多次向孔子“问政”,孔子也想以“仁政”理念影响季康子。可惜,对于孔子所说“轻徭薄赋”“为政以德”等重要思想,季康子均不予以采纳,反而继续加重赋税,对老百姓横征暴敛。孔子很失望，便退回书斋，编纂《春秋》一书。

应该说，季氏三代正卿对孔子的道德学问均比较赏识，也非常希望孔子能为自己所用。孔子也愿意用自己的才学为鲁国出力。可惜的是，季氏的三代领导人始终不肯实行孔子所倡导的“仁政”理念，而孔子亦不肯为高官厚禄就放弃自己的思想主张，因此，孔子与季氏三代的关系一直很纠结。不过，从孔子与季氏三代正卿的交往中，我们可以感受得到孔子在乱世中的无奈与坚守——他的思想主张得不到实行，这是他的无奈，但他生逢乱世，亦绝不放弃自己的理想，这是他的坚守。无奈令人喟叹，坚守令人敬仰。

1.(3.1)孔子谓季氏①：“八佾②舞于庭，是③可忍④也，孰不可忍也？”

【注释】

①季氏：鲁大夫季孙氏，这里指季平子，即季孙意如。

②八佾：古代舞蹈奏乐，八个人为一行，这一行叫一佾。八佾是八行，八八六十四人，只有天子才能用。

③是：代词，这。

④忍：忍心。

［译文］

孔子谈到季孙氏说："用六十四人在庭院中奏乐舞蹈，这种事他都忍心做，什么事他不忍心做啊。"

2.（3.4）林放[①]问礼之本。子曰："大哉问！礼，与其奢也，宁俭；丧，与其易[②]也，宁戚。"

［注释］

①林放：鲁国人，有人说他是孔子的弟子。

②易：原义为平整土地，引申为置办，把事情办妥。

［译文］

林放问礼的本质。孔子说："你的问题意义重大呀！一切的礼法，与其铺张浪费，宁可朴素俭约；就丧礼说，与其仪文周到，宁可过度悲哀。"

3.（3.6）季氏旅[①]于泰山。子谓冉有[②]曰："女[③]弗能救与？"对曰："不能。"子曰："呜呼！曾谓[④]泰山不如林放[⑤]乎？"

【注释】

①旅：祭山。在当时，天子可祭祀天下的名山大川，诸侯可祭祀自己国境之内的山川，季氏只是鲁国的大夫，祭祀泰山不仅僭越于鲁侯，更僭越于周天子了。

②冉有：孔子学生冉求，字子有，当时做季氏家臣，所以季氏僭越，孔子责备冉求应该设法补救。

③女：通假字，通汝，你的意思。

④曾谓：难道。

⑤泰山不如林放：林放尚且知道问礼之本，如果泰山之神能够像林放一样，将不会接受这样不合礼制的祭祀。

【译文】

季氏要去祭祀泰山。孔子对冉有说道："你不能补救这件事吗？"冉有答道："不能。"孔子道："唉！难道泰山之神还不如林放(懂礼，居然接受这不合礼制的祭祀)吗？"

4.(18.4)齐人归[①]女乐，季桓子[②]受之，三日不朝，孔子行[③]。

【注释】

①归：通假字，通"馈"，赠送。

②季桓子：鲁国大夫季孙斯。

③行：离开。

【译文】

齐国送来许多歌姬舞女，季桓子接受了，三天不问政事，（于是）孔子离开了（鲁国）。

5.（2.20）季康子[1]问："使民敬、忠以[2]劝，如之何？"

子曰："临之以庄[3]，则敬；孝慈，则忠；举善而教不能，则劝。"

【注释】

①季康子：季孙肥，鲁哀公时正卿，当时政治上最有权力的人。"康"是谥号。

②劝：加勉，努力。

③临之以庄：上对下为临。庄，恭庄严肃。

【译文】

季康子问道："要使人民严肃认真，尽心竭力和互相勉励，应该怎么办呢？"

孔子说："你对待人民的事情严肃认真，他们对待你的政令也会严肃认真了；你孝顺父母，慈爱幼小，他们也就会对你尽心竭力了；你提拔好人，教育能力弱的人，他们也就会努力向善了。"

6.（12.17）季康子问政于孔子。

孔子对曰："政者，正[1]也。子帅[2]以正，孰敢不正？"

【注释】

①正，正道。

②帅：通假字，通"率"，率领，领导。

【译文】

季康子以为政之道问孔子。

孔子回答："政只是正的意义。你若用正道来率先领导，在下的谁敢不正呀？"

7.（12.18）季康子患盗[1]，问于孔子。孔子对曰："苟子之不欲[2]，虽[3]赏之不窃。"

【注释】

①患盗：以盗窃为忧患。

②欲：指贪欲。

③虽：即使。

［译文］

季康子苦于盗贼太多，向孔子求教。

孔子回答："假若您不贪求太多的财货，即使奖励偷抢，他们也不会干。"

8.（12.19）季康子问政于孔子曰："如杀无道，以就[①]有道，何如？"

孔子对曰："子为政，焉用杀？子欲善而民善矣。君子之德风，小人之德草[②]。草上之风，必偃[③]。"

［注释］

①就：成就。季康子想要用锄恶成就善道。

②君子之德风，小人之德草：此处君子小人是按地位划分的。德，品质。指在上者的品质像风，在下者的品质像草。世风败坏，其责任在君子，不在小人。

③偃：倒。

［译文］

季康子向孔子请教政事，说道："如果杀掉坏人来成全好人，怎么样？"

孔子答道："您治理政治，为什么要杀戮？您想把国家搞好，百姓就会好起来。君主的品德好比风，老百姓的品德好比草，风

加在草上，草必然会随风倒的呀。”

提问 如果你是季氏，你认为孔子的建议行得通吗？你会采纳吗？

追悔莫及的鲁哀公

同学们，你们身边有没有这样的朋友，或者自己有没有经历过这样的时刻：明明知道一件事情是错误的或者危险的，可是还是抱着侥幸的心理想去试一试，还总想着也许一次两次没关系吧。比如说明明知道吃多了糖会坏牙，喝多了冷饮会肚子疼，可是总是管不住自己，直到真的痛起来，才开始后悔不已。

今天我们来讲一个鲁哀公的故事，也许听了以后，你会少做一点让自己后悔的事。鲁哀公是春秋时期鲁国“十二公”中的最后一位，后人将其谥号定为“哀”实在是恰如其分的。“哀”这个谥号，既含有同情，也含有批判，用鲁迅先生的话说就是“哀其不幸，怒其不争”，既为他的不幸感到同情，也为他的不争气感到愤怒。春秋时代本身就是一个礼崩乐坏的时期，礼崩乐坏的程度是越到后来越严重。到了鲁哀公之时，即便是礼乐传统最深厚的鲁国，礼乐文化也已经崩坏得不成样子了。孔子在这个时代中奔走呼号，念念不忘恢复“周礼”，以弘扬礼乐文化，匡正社会风气。

鲁哀公其实还算好学，他非常尊重孔子，曾就修身的问题请教孔子。他说："寡人生于深宫之中，长于妇人之手，寡人未尝知哀也，未尝知忧也，未尝知劳也，未尝知惧也，未尝知危也。"意思是自己从小就生活在蜜罐中，"不知哀""不知忧""不知劳""不知惧""不知危"，该怎么学习当国君？

孔子跟他说：您到祖庙祭拜，祖先生前所使用的器物尚在，而他们的人已经不在了，这样不就可以"思哀"了吗？您上朝听政，一件事情没处理好，祸乱就有了开端，如此用心，就是"思忧"；您上朝听政，大臣们总是在庭下听从您的调遣，您由此即可"思劳"；您若走出鲁国国门，到郊外看看，您会看到从前亡国朝代的废墟，这就是"思惧"呀；国君是船，百姓是水，想到"水能载舟，亦能覆舟"，这便是"思危"。孔子通过日常生活中的具体情景告诉鲁哀公如何"思哀""思忧""思劳""思惧""思危"，今天读起来，还觉得可触可感，无比生动。可惜的是，鲁哀公并没有按照孔子说的去做。

鲁哀公还曾向孔子问政，孔子告诉他："政在选臣。"还说："举直错诸枉，则民服；举枉错诸直，则民不服。"意思是，提拔正直无私的人做高官，不用那些邪恶之人，老百姓就服从管理；如果提拔腐败邪恶的人做高官，不用正直无私之人，老百姓就不会服从管理。

可惜的是，鲁哀公这个国君却当得不太靠谱。他带头违反礼法，非要将宠妾立为夫人，将妾所生公子立为太子，虽遭众人反对，但仍一意孤行，结果，"国人始恶之"。

再者，当时的鲁国国政，已经把持在季孙氏、孟孙氏、叔孙氏三家之中了。因这三家都是鲁桓公的后代,所以称之“三桓执政”,而身为国君的鲁哀公则是没有实权的。孔子本是主张遏制“三桓”、为国君“正名”的,可是,鲁哀公对孔子的建议并不听从。鲁哀公十四年,齐国大夫陈恒杀害了齐简公,立齐平公,自任执政,这就是历史上有名的“田齐代姜齐”事件。弑君之后,陈恒害怕其他国家的干预,就将此前齐国侵略鲁国、卫国的土地归还,以换取他们对自己弑君篡权行为的容忍和支持。这时,孔子斋戒三日,“而请伐齐”。在孔子看来,“陈恒弑其君,民之不与者半。以鲁之众,加齐之半,可克也”。在春秋时代,弑君篡权是典型的“乱臣贼子”之所为,而对“乱臣贼子”,“人人得而诛之”。齐国不愿意依附陈恒的有一半人,此时若鲁国再去讨伐,鲁国是可以取得这场战争的胜利的。在孔子想来,鲁国若能出头平息齐国的叛乱,不仅能在所有国家中重新确立威信,对内也能加强国君的权威,遏制“三桓”的势力。应该说,这是鲁国寻求重振的一次良好机会。可惜的是,鲁哀公没有胆量听从孔子的建议,只能说“告夫三子”,请孔子与“三桓”商议。这本身就是一个愚蠢的建议,“三桓”与陈恒都目无君主,本是一丘之貉,怎么肯发兵讨伐陈恒来帮助鲁哀公树立威信。

面对懦弱又无能的鲁哀公,孔子当然很生气。孔子“退而告人”曰:“吾以从大夫之后也,故不敢不言。”意思是说,我以前曾经做过鲁国的官员,所以不敢不说。要知道,孔子早已赋闲在家,已经没有为鲁国操劳的义务了,只因为他以前曾做过官员,出于慈悲心和责任感才特意出来建言的。对孔子来说,在历史的关键时刻出来建言，心意已经尽到，鲁哀公听或不听，悉听尊便。如果不听，那只能是鲁哀公和鲁国的损失。

公元前479年，孔子去世了。鲁哀公亲自发表了悼念孔子的文章，听起来感人至深："老天呀，你真是不够慈悲，就不肯为我和鲁国留下一位智慧老人，让他帮助我当好国君。现在，我一个人孤苦无依，忧愁万分。呜呼哀哉！失去了仲尼先生，我都没有效法、学习的对象了啊。"然而，这样一番肺腑之言，却被孔子的弟子子贡大大地嘲讽了一番。子贡说："我老师活着的时候你不能用他，死了你却发表悼念文章来表达关怀，这本身就不靠谱，也不符合礼法。"

子贡并不是无情，只是太了解鲁哀公了。哪里是老天不慈悲呀，老天明明将孔子安排在他身边，是他自己没有珍惜呀。

孔子去世之后，鲁国的国政继续恶化，鲁哀公的日子也更不好过了。鲁哀公二十五年，他在宴会上面斥季康子和孟武伯，将鲁国的政治矛盾公开化，君臣之间变得水火不容。到了鲁哀公二十七年，鲁哀公嫌实际掌权的"三桓"家族太放纵，想借诸侯的实力清除"三桓"；"三桓"呢，也觉得鲁哀公太狂妄了。于是，君臣之间的矛盾一触即发。一次，鲁哀公出游，在孟孙氏门前的大街上遇到孟武伯，他试探地问："我冒昧地问一句，我能得到善终吗？"问了三次，孟武伯都不回答。鲁哀公感到形势不妙，就辗转流亡到越国，希望越国能帮助他清除"三桓"，实现复国。结果，越国不肯帮助他。随后，他四处流亡度日，先后流亡卫国、邹国，最后又到越国，到死也没能再返回鲁国，落了个客死异乡的悲剧。鲁悼公即位后，鲁国公室的地位更加不堪了。

拥有的时候不知道珍惜，失去的时候追悔莫及，但是却一错再错，从不愿意认真地悔过和改正，同学们，你们看到这样的人和事，是不是觉得有点熟悉呢？这又是为什么呢？

原因很简单，在孔子看来，一切珍惜都需要先从“正己”做起。肯在“正己”上下功夫，自己成了明白人，才会知道什么值得珍惜并懂得用什么方式珍惜；如果不肯“正己”，自己一身毛病，珍惜之说往往无从谈起，即便这些人心里想“珍惜”，可在需要拿出行动，抓住难得机会之时，他们也会因“寡人好勇”“寡人好货”“寡人好色”等原因而与大好机缘失之交臂。机会失去之后，他们当然也会后悔，他们后悔之时所说的一些话，听起来往往蛮深情的，很多人也会为之感动，可是在有智慧的人（比如子贡）看来，他们追悔之际的种种表现亦大可质疑。若上天再给他们一次机会，他们多半依然如故，还是不懂得珍惜。这便是好多人一次次地与好人、好事、好机会擦肩而过的重要原因。不懂得珍惜，很多好机缘就会错过，若干次的错过，就会铸成了一生的过错。枝繁叶茂的过错，结出的果实一定叫作“后悔莫及”。

1.（2.19）哀公问曰：“何为则民服？”孔子对曰[①]：“举[②]直[③]错诸枉[④]，则民服；举枉错诸直，则民不服。”

【注释】

①孔子对曰：臣下对答君上的询问一定用“对曰”，表示对君上的尊重，这里孔子答复鲁君之问，所以用“孔子对曰”。

②举：提拔。

③直：正直，指代正直的人，下文中的“枉”指代邪曲的人。

④错诸枉：“错”表示放置，“诸”可理解为“之于”，“错诸枉”指“置之于枉”，等于说“置之于枉人之上”。

【译文】

鲁哀公问道：“做些什么事才能使百姓服从呢？”孔子答道：“把正直的人提拔出来，放在邪恶的人之上，百姓就服从了；把邪恶的人提拔出来，放在正直的人之上，百姓就会不服从。”

2.（12.9）哀公问于有若曰：“年饥，用不足，如之何？”有若对曰：“盍[①]彻[②]乎？”曰：“二，吾犹不足，如之何其彻也？”对曰：“百姓足，君孰与不足？百姓不足，君孰与足？”

【注释】

①盍：为什么不。

②彻：对种田者抽取收成的十分之一作为税费称之为“彻”。

【译文】

鲁哀公向有若问道：“年成不好，国家用度不够，应该怎么办?”有若答道:“为什么不实行十分抽一的税率呢?”哀公道:“十分抽二,我还不够,怎么能十分抽一呢?”答道:“如果百姓的用度够,您怎么会不够? 如果百姓的用度不够,您又怎么会够?”

3.(14.21)陈成子弑[①]简公。孔子沐浴而朝[②],告于哀公曰:“陈恒弑其君,请讨[③]之。”公曰:“告夫三子[④]!”孔子曰:“以[⑤]吾从大夫之后,不敢不告也。君曰‘告夫三子’者!”之[⑥]三子告,不可。孔子曰:“以吾从大夫之后,不敢不告也。”

【注释】

①弑:杀,以下犯上称之为弑,带有贬义。

②沐浴而朝:这时孔子已经告老还家,特为这事来朝见鲁君,为表示郑重,先斋戒沐浴才上朝。

③讨:讨伐,正义之战称之为讨。孔子请讨陈恒,主要因为陈恒是以臣杀君,依孔子的学说,非讨不可。同时孔子也估计了战争的胜负。

④告夫三子:三子,指季孙、仲孙、孟孙三家。鲁国朝政掌握在这三家手中,哀公不敢擅自做主,所以想请孔子去告知他们。

⑤以:因为。

⑥之:往,前往。

【译文】

陈恒杀了齐简公。孔子斋戒沐浴后朝见鲁哀公,报告道:“陈恒杀了他的君主,请出兵讨伐他。”哀公道:“你向季孙、仲孙、孟孙三人去报告罢!”孔子(退了出来),道:“因为我曾忝为大夫,不敢不来报告,但是君上却对我说,‘给那三人报告吧’!”孔子又去报告三位大臣,不肯出兵。孔子道:“因为我曾忝为大夫,不敢不报告。”

提问 你做过让自己最后悔的事情是什么呢?在这件事上你能做到像颜回一样“不贰过”吗?

威武不能屈、富贵不能淫的晏子

史书中记载，孔子所礼敬的人，在周朝是老子；在卫国是蘧伯玉；在齐国是晏平仲；在楚国是老莱子；在郑国是子产；在鲁国是孟公绰。晏平仲就是我们语文课本中《晏子使楚》的晏子，他不仅是个机智勇敢的外交官，更是春秋后期一位重要的政治家和思想家。

晏子，名婴，字平仲，在齐灵公、庄公和景公三朝任事。他爱国忧民，敢于直谏，在诸侯和百姓中享有极高的声誉；他博闻强识，善于辞令，主张以礼治国，曾力谏齐景公轻赋省刑。

有一次，大雪连下了三天还不放晴。齐景公穿着裘皮大衣坐在大殿的台阶上。晏子进宫谒见，景公说："好奇怪啊！下了三天大雪，可天气还不冷。"

晏子回答说："天气不冷吗？"齐景公笑了。

晏子说："我听说古代贤德的国君自己吃饱了却知道别人的饥饿，自己穿暖却知道别人的寒冷，自己安逸却知道别人的劳苦。现在的君王不知道别人了。"

齐景公一听就知道晏子是在劝谏自己，便说："说得好！我听从您的教诲了。"便命人发放皮衣、粮食给饥饿寒冷的人。

孔子听到这件事后说："晏子能阐明他的想法，齐景公能实行他所认识到的德政。"

晏子的智慧远不止于此。《左传》记载，棠姜原是齐国棠邑（今山东平度东南）大夫棠公的妻子。棠公死时，齐国国相崔杼让东郭偃为自己驾车前去吊唁，"见棠姜而美之"，然后就娶了棠姜。可是崔杼没想到，这个美丽的妻子却招来了国君齐庄公的垂涎。有一天，齐庄公到崔杼家中饮酒，崔杼让棠姜奉酒。棠姜的姿色使齐庄公为之倾倒，齐庄公就又与棠姜发生了奸情。此事败露不久，崔杼设计杀死了庄公。这个时候，作为齐国臣子的晏子出场了。

晏子站在崔家的门外。左右的人说："你要为庄公去死吗？"

晏子说："是我一个人的国君吗？我为什么去死？"左右的人说："那你出走吗？"晏子说："我有罪过吗？我为什么逃亡？"

左右的人说："回去吗？"

晏子说："国君死了，我能回到哪儿去？作百姓君主的人，岂可凌驾于百姓之上？而是要管理国家。作为臣子的人，岂是为了自己的俸禄？而是要服务国家。所以国君为国家而死，臣子就跟着他去死；国君为国家而逃亡，臣子就跟着他逃亡。如果国君是为自己的私欲而死，或者是为自己的私欲而逃亡，我们做臣子的又不是国君私人密友，谁还愿意为他承担罪责呢？况且人家拥立了国君又杀掉他，我怎能为他而死？又怎能为他而逃亡？又能回到哪里去呢？”

门开了，晏子就进去，把庄公的尸首放在自己的大腿上大声地哭。哭毕起来，蹦了三次，然后就走出去。有人对崔杼说：“一定要杀掉他。”崔杼说：“这是百姓所仰望的人，放了他能得到民心。”

晏子说的话并不多，但意义却很深，深合儒家理念。儒家思想虽然一再强调“君臣纲常”，强调臣子要对君主尽忠（在忠孝不能两全之时甚至还要“移孝作忠”）。但是这种尽忠也是有条件的，那就是君王先要有个君王的样子，然后才可要求臣子效忠，若君王不像样儿，所作所为全是为了自己的私欲，那么臣子就可不必为之尽忠。臣子对君王虽然有尽忠的义务，但这种义务绝对不是无条件的，而是充满了互动性的——“君之视臣如手足，则臣视君如腹心；君之视臣如犬马，则臣视君如国人；君之视臣如草芥，则臣视君如寇仇。”由此推论，若君王很混蛋，臣子当然可以弃之不顾，哪里还用得着为他殉难呢？由此可知，儒家所云“君君臣臣”的本意是双向的，既规劝君主又要求臣子，君也好，臣也罢，都要守好自己的本分，为百姓社稷贡献力量。孟子说：“盛德之士，君不得而臣，父不得而子。”这就更加明确地指出，在君权和父权之上，还有一个“盛德”（道义）存在。对那些德高望重的贤人，君主不能以臣子对待，而应该恭敬如师。

司马迁说：“人固有一死，或重于泰山，或轻于鸿毛。”齐庄公之死，是死于好色，死于不守“君道”。面对齐庄公这种不正当不光彩的死法，身为臣子的晏子虽也哭他，但绝对不肯为他“死于君难”。晏子所言：“君为社稷死，则死之；为社稷亡，则亡之；若君为己死，而为己亡，非其私昵，孰能任之？”这话铿锵有力，算是说到了点子上。如果国君因通奸被杀，臣子都得为之殉道，那臣子之死岂不与国君同样荒唐？

杀死齐庄公之后，崔杼立齐庄公同父异母的弟弟杵臼为齐国国君，是为齐景公。齐景公即位后，以崔杼为右相，庆封为左相。崔杼、庆封当权之后，害怕再起祸乱，就让齐国的大臣百姓发誓：“不与崔、庆者死（不与两位相国保持高度一致的人天打五雷轰）！”这个时候，晏子又站了出来，他说：“我晏婴不想捞什么好处，我只知道听从忠于国君、有利于社稷的人！”不肯发誓忠于崔杼、庆封二人。庆封要杀了晏子，崔杼说：“他是个忠臣，放了他吧。”晏子再一次免于一死。能在大是大非的问题上恪守原则，不畏强权，诚可谓“威武不能屈”。

崔杼跟原配生了两个儿子：崔成和崔强。原配死后，他又娶了东郭偃的姐姐棠姜，又跟棠姜生了一子崔明。因为宠爱棠姜，崔杼就让棠姜与前夫生的儿子无咎和东郭偃管理自己相府的事务。崔成犯了罪，无咎和东郭偃要惩罚崔成，并想着让崔明做崔杼的接班人。崔成、崔强兄弟两个很生气，一怒之下杀死了东郭偃和无咎。崔杼到左相庆封那里寻求帮助，庆封本来与崔杼就有点矛盾，这次就借机派人包围了崔府，“尽灭崔氏，崔杼妇自杀”。顷刻之间家破人亡，崔杼本人受不了这么惨痛的打击，也自杀了。

庆封“尽灭崔氏”之后，独揽大权，更加骄横。他纵酒淫乐，实在不像样儿。于是，田、鲍、高、栾四大贵族共同率领家丁攻占相府。庆封只好出逃。

在崔杼、庆封当权之时，齐国一些正直的公子、大臣或流亡，或下野。待崔杼自尽、庆封逃亡之后，齐国开始召回此前不得志的公子和大臣，并厚待他们，“具其器用而反其邑焉”。由于晏子此前不肯与崔杼、庆封盟誓，齐国将邶殿（齐国别都，在今山东昌邑）周边六十个城邑赐予晏子，以示犒劳，但是晏子不肯接受。子尾就问他：“富贵，是大家都希望得到的东西，您为什么偏不接受？（富，人之所欲也，何独弗受？）”

晏子回答：“庆封的城邑让他的欲望太膨胀了，所以他逃亡了。我的城邑还没有让我的欲望膨胀，但是把邶殿地区的六十个城邑加起来也有可能使我欲望膨胀。欲望一膨胀，离逃亡也就没几天了。一旦逃亡，我就连一个城邑都没有了。我不接受邶殿，不是厌恶富贵，而是害怕失去富贵。并且，富贵像布帛，它是有限度的。百姓生活富裕、财用充足，这个时候就应该让他们端正品行，不能让财富超过了一定的限度。利益若超过了限度就会败坏心性。我不敢贪多，就是要守好富贵的限度。”

最后，齐景公给晏子“北郭佐邑六十（这比邶殿六十邑小很多）”，晏子才接受。更关键的是，在晏子的感召之下，其他人也不再接受太多的城邑了，《左传》记载，“与子雅邑，辞多受少。与子尾邑，受而稍致之”。也就是，齐景公赐给子雅城邑，子雅也像晏子一样，辞去了多的，接受了少的；赐予子尾城邑，他先接受了，但没过多久就又退回了。更关键的是，经过这次“让邑”事件之后，齐景公认识到晏子是个大忠臣，开始重用晏子。

晏子后来成为齐国丞相，但他依然穿粗布衣服，吃简单的饭菜。左右侍从将此事告诉了齐景公，齐景公就封赏他以食邑，让田无宇将台邑和无盐邑送给晏子。晏子说："过去我们先君太公受封到营丘，受封的土地有五百里，就算是大国之首了。从太公到君王之身，已经有十数个国君了。假若能取悦君王的人就能取得食邑，那么就会有很多人到齐国来求取土地。在君王您这一代，齐国恐怕就没有立足栖身的地方了。我听说，臣子有德增加俸禄，无德退还俸禄，哪有不肖的父亲给不肖的儿子以封邑，并最终败坏政治的呢？"于是又辞掉了封邑。此事又一次彰显了晏子凡事能从大局着眼，不谋私利的高尚品德。

从"晏子不死君难"到"晏子辞邑"，我们可以依稀地看到春秋时期的君子风范：有智慧、有操守，在政治压力面前不退缩，在富贵到来之际亦懂得节制，诚所谓"威武不能屈，富贵不能淫，贫贱不能移"是也。

司马迁对晏子推崇备至，他在《管晏列传》中说："假令晏子而在，余虽为之执鞭，所忻慕焉。"司马迁之所以推崇晏子，在治国本领之外，恐怕也是看中了晏子高超的智慧和崇高的道德操守。确实，晏子的这些智慧和德行，即便放在今天也让人高山仰止。

同时，通过齐庄公之死、崔杼自尽、庆封乱政、晏子辞邑等齐国的一系列政治事件，我们亦可大体看出春秋时期的某些社会特征：那确实是一个动荡不安的乱世，乱世之中，什么样的人都有，有齐庄公这样的荒淫国君，有崔杼、庆封一类的"乱臣"，但也有晏子这样有操守、有道德、俯仰从容、境界崇高的政治家和智者。或许正因如此，那个大变革的时代才格外有魅力——它在正反两个方面都为后人提供了丰富的人生参照和思想智慧。

1.（5.17）子曰："晏平仲善与人交，久而敬之。"

【译文】

孔子说："晏平仲善于与人交往，相处越久，别人越发恭敬他。"

提问 你认为晏子最可贵的品质是什么呢？

第四章：往圣先贤

祖述尧舜

人是从哪里来的？这世界上的第一个人，长得什么样子？叫什么名字？小朋友，你是不是有时候会想这些奇奇怪怪的问题，却又找不到答案？

有一门学问叫作考古学，就是专门研究很久以前的人类以及动物的。火山爆发，融化的岩浆吞噬了许多生命，包括花花草草和各种小动物。岩浆冷却后，这些生命的遗迹就封存在了冷却的岩浆里，时间久了，变成了化石，一代一代地沉积了下来。考古学家们就根据这些化石中的遗迹，以及他们在沉积层中位置，寻找到了还没有文字记载时的历史的样子。

在考古学出现之前，世界上的每个民族都有自己关于世界起源的传说，比如西方某些民族曾经认为上帝创造了人类，有的民族认为最早是植物变成的人，而在中国古老的传说中，也有着这样美丽而神秘的故事。

在孔子的时代，还没有考古学这门学问，孔子对历史的研究，主要是参考文献甚至人们口头的传说，孔子曾经说过："夏不足征”，也就是很久以前的历史，他虽然听说过，但是已经找不到证据来证明了。孔子对待历史的态度是非常谨慎的，述而不作，就是说，只讲述，不创作，不讲没有根据的话。

尧是《论语》中出现的最古老的人物了。孔子出生于公元前551年，我们现在生活的时代是二十一世纪，也就是说，我们距离孔子已经有两千五百多年的历史了。而孔子距离尧生活的年代，也有一千五百年以上的历史了，所以，即使对于孔子来说，尧也已经是很遥远的人物了。但是，孔子对尧仍然无比的崇敬，因为尧舜象征了孔子所向往的、礼乐大同的理想社会。《论语》中就记载了尧舜等先王的遗训。

尧说：“啧啧！舜啊！上天的使命已经落在你的身上了。诚实地保持那中庸之道吧！假如天下百姓都陷于困苦和贫穷，上天赐给你的禄位也就会永远终止。”舜也这样告诫禹说：“我谨用黑色的公牛来祭祀，向伟大的天帝祷告：有罪的人我不敢擅自赦免，天帝的臣仆我也不敢掩蔽，都由天帝的心来分辨、选择。我本人若有罪，不要牵连天下万方，天下万方若有罪，都归我一个人承担。”周朝大封诸侯，使善人都富贵起来。周武王也曾说：“我虽然有至亲，不如有仁德之人。百姓有过错，都在我一人身上。”认真检查度量衡器，周密地制定法度，全国的政令就会通行了。恢复被灭亡了的国家，接续已经断绝了家族，提拔被遗落的人才，天下百姓就会真心归服了。所重视的四件事：人民、粮食、丧礼、祭祀。宽厚就能得到众人的拥护，诚信就能得到别人的任用，勤敏就能取得成绩，公平就会使百姓信服。

这就是孔子对尧舜以致夏商周三代以来的美德善政所做的高度概括，可以说是对《论语》全书中有关治国安邦平天下的思想总结，对后代产生了很大的影响力。

尧曾是天下部落的共主，上古的明君，号称唐陶氏，又称唐尧。相传他是黄帝的五世孙。尧当上部落联盟的首领后，仍然和大家一样，煮野菜做汤，吃糙米饭，住茅草屋，夏天披件粗麻衣，冬天只加块鹿皮御寒，衣服、鞋子不到破烂不堪绝不更换。尧非常的聪明，为了方便人们播种收割，他制定了最初的历法。他为人谦逊，爱民如子。看到百姓饥寒交迫，甚至犯了罪，他都要责怪自己没有做好领袖。尧在位七十年后，年纪老了。他的儿子丹朱很粗野，尧不同意他继承部落联盟首领的位置。后来尧又召开部落联盟议事会议，讨论继承人的人选问题。尧向四岳（四方诸侯之长）征询继任人选，四岳就推荐了舜，说他是个德才兼备、很能干的人物。

据史书记载，大舜虽是颛顼帝的后裔，但到了他这一代已经五世为庶人了。更关键的是，大舜早年的遭遇很不幸。母亲早逝，父亲瞽叟续娶，继母嚣张，两面三刀，生弟名叫象，象生性傲慢，忌妒，桀骜不驯。生活在“父顽、母嚣、弟傲”的恶劣家庭环境中，一般的孩子很容易长成“问题少年”。可是大舜不是一般人，天生具有圣人禀赋。他对父母不失孝道，与弟弟也十分友善。

相传舜在二十岁的时候，名气就很大了，他是以孝行而闻名的。因为能对虐待、迫害他的父母坚守孝道，故在青年时代即为人称扬。尧将两个女儿嫁给舜，以考察他的品行和能力。舜不但使二女与全家和睦相处，而且在各方面都表现出卓越的才干和高尚的人格力量，只要是他劳作的地方，便兴起礼让之风；他制作陶器，也能带动周围的人精益求精，提高了陶器的质量。大舜到了哪里，人们都愿意追随他，因而“一年而所居成聚，二年成邑，三年成都”。尧得知这些情况很高兴，赐予舜絺衣和琴，赐予牛羊，还为他修筑了仓房。

看到舜得到了赏赐，瞽叟和象就想杀掉舜，霸占这些财物。瞽叟让舜修补仓房的屋顶，却在下面纵火焚烧仓房。舜靠两只斗笠作翼，从房上跳下，幸免于难。后来瞽叟又让舜掘井，井挖得很深了，瞽叟和象却在上面填土，要把井堵上，将舜活埋在里面。幸亏舜事先有所警觉，在井壁上挖了一条通道，从通道逃出，躲了一段时间。瞽叟和象以为阴谋得逞，象说这主意是他想出来的，分东西时要琴，还要尧的两个女儿给他做妻子，把牛羊和仓房分给父母。象住进了舜的房子，弹奏舜的琴，舜去见他，象大吃一惊，老大不高兴，嘴里却说：“我正在思念舜！”舜也不放在心上，一如既往，孝顺父母，友于兄弟；而且比以前更加诚恳谨慎。

在这么恶劣的家庭环境中，大舜都能表现出非凡的德行和智慧，这已然显示了他的圣人气象。父亲和弟弟虽然要加害，可他仍然不失孝道，这充分证明其品德高尚，而他还能在家里人要加害于他的时候及时逃避，说明其极有智慧。这样“德才兼备”的人物，焉能不得到提拔？

于是，尧让大舜参与政事，管理百官，接待宾客。“修身齐家”过关的大舜在治国方面亦显示出了杰出的才华。他不但将政事处理得井井有条，而且在用人方面有所改进。尧未能起用的“八元”“八恺”，早有贤名，舜使“八元”管土地，使“八恺”管教化；还有“四凶族”，即帝鸿氏的不才子浑敦、少皞氏的不才子穷奇、颛顼氏的不才子梼杌、缙云氏的不才子饕餮，虽然恶名昭彰，但尧未能处置，舜将“四凶族”流放到边远荒蛮之地。这些措施大得民心，充分显示出大舜的政治才干。

舜摄政二十八年尧才去世。舜于三年的丧事完毕之后，便让位给尧的儿子丹朱。但是，天下诸侯都去朝见大舜，却不理会丹朱；打官司的人也都到大舜那里告状，而不去找丹朱。大舜觉得人心所向，天意所归，无法推卸，才又重新登上天子之位。

舜在年老的时候，认为自己的儿子商均不肖，就确定了威望最高的禹为继任者，并由禹来摄行政事。

据说舜在尧死之后，在位三十九年，到南方巡守时，死于苍梧之野，葬于江南九疑山，称为“零陵”。

在孔子的心目中，孝行的分量是十分重的，孔门中许多弟子，如闵子骞、曾参等都以孝闻名。而当不孝的宰我问五帝之德时，他直接说，你没有问这个问题的资格。尧与舜的时代，是孔子心目中的理想社会，尧与舜，在《论语》中，是古代品德高尚，爱民如子的圣人。孔子对于历史，本着述而不作的态度，但是从他祖述尧舜的语言中，我们依旧可以看到孔子的政治理想和对君主的期待。

1.(6.30)子贡曰："如有博施于民而能济众，何如？可谓仁乎？"

子曰："何事于仁！必也圣乎！尧舜其犹病诸！夫仁者，己欲立而立人，己欲达而达人。能近取譬，可谓仁之方也已。"

【译文】

子贡道："如果有人广泛地给人民以好处，又能帮助大家生活得很好，怎么样？可以说是仁道了吗？"孔子道："哪里仅是仁道！那一定是圣德了！尧舜或者都难以做到哩！仁是什么呢？自己要站得住，同时也使别人站得住；自己要事事行得通，同时也使别人事事行得通。能够就眼下的事实选择例子，本着推己及人的原则去做，可以说是实践仁道的好方法。"

2.(8.19)子曰："大哉尧之为君也！巍巍乎！唯天为大，唯尧则[①]之。荡荡乎，民无能名焉。巍巍乎其有成功也，焕乎其有文章！"

［注释］

①则：法则，用作动词，以之为法则。

［译文］

孔子说："尧真是了不得呀！真高大得很呀！只有天最高最大，只有尧能够学习天。他的恩惠真是广博呀！老百姓简直不知道怎样称赞他。他的功绩实在太崇高了，他的礼仪制度也真美好啊！"

3.（14.42）子路问君子。子曰："修己以敬。"

曰："如斯而已乎？"

曰："修己以安人。"

曰："如斯而已乎？"

曰："修己以安百姓。修己以安百姓，尧、舜其犹病诸。"

［译文］

子路问怎样才算是好的君上。孔子道："修养自己来严肃认真地对待工作。"

子路道："这样就够了吗？"

孔子道："修养自己来使上层人物安乐。"

子路道："这样就够了吗？"

孔子道："修养自己来使所有老百姓安乐。修养自己来使所有老百姓安乐，尧舜大概还没有完全做到哩！"

4.（8.18）子曰："巍巍乎，舜、禹之有天下也，而不与[①]焉！"

［注释］

①与：参与，含有霸为己有的意思。

［译文］

孔子说："舜和禹真是崇高得很呀！贵为天子，富有四海，（却整年地为百姓勤劳）一点也不为自己。"

5.（15.5）子曰："无为而治[①]者其舜也与？夫何为哉？恭己正南面而已矣。"

［注释］

①无为而治：不用作为而天下太平。因为用人得当，不用自己亲力亲为。

【译文】

孔子说："自己从容安静而使天下太平的人大概只有舜罢？他干了什么呢？庄严端正地坐在朝廷履行他的职责罢了。"

6.（7.1）子曰："述而不作，信而好古①，窃比于我老彭②。"

【注释】

①古：古代文化，形容词作名词用。

②老彭：人名。有人说是老子和彭祖两人，有人说是殷商时代的彭祖一人，又有人说孔子说"我的老彭"，其人一定和孔子相当亲密，未必是古人。

【译文】

孔子说："阐述而不创作，以相信的态度喜爱古代文化，我私下和我那老彭相比。"

7.（1.2）有子①曰："其为人也孝弟②，而好犯③上者，鲜④矣；不好犯上，而好作乱者，未之有也⑤。君子务本，本立而道生。孝弟也者，其为仁之本与⑥！"

【注释】

①有子：孔子学生，姓有，名若，孔子晚年的弟子。

②孝弟：孝，子女对待父母的正确态度；弟，tì，同“悌”，弟弟对待兄长的正确态度。

③犯：抵触，违反，冒犯。

④鲜：xiǎn，少。

⑤未之有也——“未有之也”的倒装形式。

⑥与：音读和意义跟“欤”字一样，感叹词。

【译文】

有子说：“为人孝顺爹娘，敬爱兄长，却喜欢触犯上级，这种人是很少的；不喜欢触犯上级，却喜欢造反，这种人从来没有过。君子专心致力于基础工作，基础树立了，‘道’就会产生。孝顺爹娘，敬爱兄长，这就是‘仁’的基础吧！”

提问 你怎么看待舜的孝行呢？为什么尧与孔子都如此重视孝顺的人？

出淤泥而不染的柳下惠

孔老夫子很喜欢给学生讲历史，在《论语》中，就提到了许多历史上“逸民”（有才华但未被重用的人）的故事，孔子是极性情的，不仅谈论逸民的光辉事迹和美好品格，还常常为他们或愤愤不平，或扼腕长叹，仿佛这些历史上的人物，都是他的朋友，能常常和他促膝长谈一般。

这些逸民中，比较有名的一位叫柳下惠。柳下惠有着非常美好的品格，那就是：“绝对不说假话。”有一次，齐国派人向鲁国索要传世宝鼎——岑鼎。岑鼎是鲁国的传世之宝，鲁国舍不得，却又怕得罪强横的齐国，于是做了一个假鼎来冒充。齐国人不知道这鼎是真是假，但他们相信以真诚正直闻名天下的柳下惠，就说：“我们不相信你们，只相信柳下惠。如果柳下惠说这个鼎是真的岑鼎，我们就接受。”鲁国劝柳下惠去说这假鼎是真岑鼎，结果遭到了柳下惠拒绝。柳下惠说：“信誉是我一生唯一的珍宝，我如果说假话，那就是自毁珍宝。以毁我的珍宝来保住鲁国的珍宝岑鼎，这样的事我干不了。”最后，鲁国只得将真岑鼎送往齐国。

然而，柳下惠生不逢时，春秋时期是个礼崩乐坏的乱世，他的刚正不阿，不仅没有获得当权者的尊重，反而常常为自己招来祸害。公元前631年，齐孝公出兵讨伐鲁国，臧文仲就问柳下惠，如何选择外交辞令才能让齐国退兵。柳下惠实话实说道："掌管国与国之间的关系应该是这样的：大国做好小国的榜样，小国好好侍奉大国，这样才能防止祸乱。现在鲁国作为小国却狂妄自大，触怒大国，无异自取其祸，怎么措辞都是没有用的呀。"这样的话，臧文仲听了，当然很不高兴。柳下惠当时在鲁国做士师，臧文仲当权的时候，竟然连续多次罢黜他。就连孔子也在《论语》中连连为柳下惠打抱不平，骂臧文仲是个"窃位者"，徒在其位，不谋其政，明知柳下惠贤良，却不给他官做。

不过，对于自己的遭遇，柳下惠倒是淡然处之，从来不牢骚满腹。当时，他在道德文章方面已经卓有成就，声名远播了，各国诸侯都争相用高官厚禄聘请他，结果都被他拒绝了。有人问为什么，他回答说："直道而事人，焉往而不三黜？枉道而事人，何必去父母之邦？"意思是说，自己坚持正直的做人原则，怎么能不被三次罢黜呢？如果我一直坚持这样的做人原则，到了哪里也逃不了被黜免的命运；如果放弃自己这样的做人原则，即便在鲁国我也可以得到高官厚禄，那又何必离开生我养我的故乡呢？可见，柳下惠对春秋后期的乱世是有相当了解的——道之不行已久矣，到处都是礼崩乐坏的状况，在哪个诸侯国都差不多。

这就是柳下惠的可贵之处了，孟子也这样评价他说："尔为尔，我为我；虽袒裼裸裎于我侧，尔焉能浼我哉！"也就是说，你是你，我是我，你纵然在我旁边赤身裸体，又怎么能染污我呢？出淤泥而不染，世人皆爱珍宝，而柳下惠更珍爱自己洁白无瑕的品格，不因为外界的混乱和高官厚禄的诱惑而改变分毫，这样从容淡定的气度，也无愧于被称为“圣之和者”了。

1.(15.14)子曰：“臧文仲[①]其窃位者与！知柳下惠[②]之贤而不与立[③]也。”

【注释】

①臧文仲：鲁国的大夫臧孙辰，历仕庄、闵、僖、文四朝。

②柳下惠：鲁国贤者，本名展获，字禽，又叫展季。柳下是他的食邑，惠为谥号。

【译文】

孔子说：“臧文仲大概是个做官不管事的人，他明知柳下惠贤良，却不给他官位。”

2.(18.2)柳下惠为士师[①]，三黜[②]。人曰：“子未可以去[③]乎？”曰：“直道而事人，焉[④]往而不三黜？枉道而事人，何必去父母之邦？”

【注释】

①士师：典狱官，一个掌管监狱刑罚的官位。

②黜：罢黜，免除官位。

③去：离开。

④焉：哪里，此处是倒装，焉往意为往焉，去哪里。

【译文】

柳下惠做法官，多次地被撤职。有人说："您不可以离开鲁国吗？"他道："正直地工作，到哪里去不多次被撤职？不正直地工作，为什么一定要离开祖国呢？"

3.（18.8）逸[1]民：伯夷、叔齐、虞仲、夷逸、朱张、柳下惠、少连。子曰："不降其志，不辱其身，伯夷、叔齐与！"谓"柳下惠、少连，降志辱身矣，言中伦，行中虑，其斯而已矣。"谓"虞仲、夷逸，隐居放言，身中清，废中权。我则异于是[2]，无可无不可。"

【注释】

①逸：同佚，遗失的。

②是，代词，这些人。

【译文】

古今那些有贤德、才干却未获重用的人有：伯夷、叔齐、虞仲、夷逸、朱张、柳下惠、少连。孔子道："不动摇自己意志，不辱没自己身份，是伯夷、叔齐罢！"又说："柳下惠、少连降低自己意志，屈辱自己身份了，可是言语合乎法度，行为经过思虑，那也不过如此罢了。"又说："虞仲、夷逸逃世隐居，放肆直言，行为廉洁，被废弃也合乎权术。我就和他们这些人不同，没有什么可以，也没有什么不可以。"

提问 柳下惠坚持留在鲁国，孔子却选择了周游列国，你怎看待他们不同的做法呢？

春秋首霸齐桓公

当初，周武王去世之后，儿子周成王尚在襁褓之中，于是，周武王之弟姬旦摄政，是为周公。周公摄政期间，商纣王之子武庚趁机联合管叔、蔡叔叛乱。周公兴师平叛。平叛成功之后，周在东方大封诸侯，其中地位最高的两个就是鲁和齐。鲁是周公的封国，因周公要在朝中辅佐成王，就派儿子伯禽就封于鲁。齐则是姜太公的封国。

受封之初，周公问姜太公："何以治齐？"（您打算用什么理念治理齐国？）姜太公回答："举贤而上功。"姜太公也问周公："何以治鲁？"周公回答："尊尊而亲亲。"由此，"举贤而上功"和"尊尊而亲亲"就分别成了齐鲁两国的治国理念，这也就形成了后来齐国重功利、鲁国重礼仪的不同文化特点。

因治国理念不同，姜太公和伯禽的工作方法也迥异。姜太公就封齐国之后，五个月就返回周王室向周公汇报工作。周公问："何疾也？"（怎么这么快就回来了？）姜太公回答："吾简其君臣礼，从其俗为也。"（我把君臣之礼、婚丧习俗等都简化了，以迁就当地百姓。)

与姜太公形成鲜明对比的是伯禽。他到鲁国之后,治理了三年才回到周王室向周公汇报工作。周公问:“何迟也?”(怎么这么晚才来汇报呀?)伯禽回答:“变其俗,革其礼,丧三年然后除之,故迟。”大家都知道,周朝的礼乐制度是周公制定的,他的儿子伯禽就封鲁国,自然要把周朝的礼乐文化彻底地贯彻下去。用礼乐教化治国,当然不可能短期内见效,所以才用了三年的时间。

两相对比,周公叹曰:“呜呼!鲁后世其北面事齐矣!夫政不简不易,民不有近;平易近民,民必归之。”可以看出,周公从姜太公和伯禽两人治国之初的不同表现,就料到了后来齐国强大、鲁国弱小的情形。周公是公认的圣贤,是后来的大成至圣先师孔子的榜样,他慧眼独具,见微知著,确实非凡人可比。齐鲁两国后来的历史印证了周公的判断。

到了春秋时期,周天子丧失了权威。此时,第一个出来整合中原各国力量,以对抗夷狄侵略的诸侯国就是齐,这便是“齐桓公首霸”。齐桓公之所以能首先称霸诸侯,一个重要的原因就是齐国一直秉承“举贤而上功”的基本国策,注重经济建设,导致国力强盛,成为东方大国。与齐国相比,鲁国到春秋时期则彻底沦为小国,经常受欺负。唯一值得自豪的就是,鲁是保持周朝礼乐文化最好的诸侯国,有“礼仪之邦”之誉。春秋时期一批有德行有智慧的贤者,如臧僖伯、臧哀伯、臧文仲、柳下惠、左丘明、孔子等,都是鲁国人。尤其是孔子,他在礼崩乐坏的春秋末期与古为新,通过孜孜以求的学习和有教无类的教学,奠定了自己儒家宗师的地位,并深刻地影响了中国文化的历史走向。

齐桓公,齐僖公之子,名小白。齐僖公过世后,其弟齐襄公即位。公子小白与哥哥公子纠为躲避政治迫害,逃亡国外。管仲辅佐公子纠到了鲁国,鲍叔牙辅佐公子小白到了莒国。

齐襄公骄横残暴,不顾礼义廉耻,与其妹文姜私通,文姜后来嫁给鲁桓公。鲁桓公与文姜回齐国娘家,齐襄公与文姜再次私通,被鲁桓公察觉。恼羞成怒的齐襄公就派大力士彭生把喝醉了酒的鲁桓公暗杀了。齐襄公对待下属还很刻薄,财政开支困难,他就减低宗室的待遇,用拆了东墙补西墙的办法对付,结果积怨甚多。后来,公孙无知联合管至父、连称等人起来造反,杀死齐襄公,公孙无知被立为国君。不久,公孙无知、连称和管至父也被国人杀死,齐国出现了无君主的局面。

齐国的大贵族高氏与国氏偷偷派人赴莒国召公子小白回国即位。公子小白匆匆上路,日夜兼程,向齐国进发。此时,鲁国也派人护送公子纠回国。同时,还派管仲率军去莒国通往齐国的路上守候,拦阻公子小白回国。

不出所料,管仲遇到了鲍叔牙护送的公子小白,管仲用箭射中公子小白的带钩,公子小白装死才逃过一劫。在高、国两大世族的接应下,公子小白首先回到齐国都城临淄即位,是为齐桓公。

齐桓公即位后,派兵击退了欲拥立公子纠的鲁国军队,并向鲁国递交国书:“子纠,兄弟,弗忍诛,请鲁自杀之。召忽、管仲,仇也,请得而甘心醢之,不然,将围鲁。”在齐国战争威胁的压力下,鲁庄公杀了公子纠，召忽自杀，管仲被囚禁之后“引渡”给了齐国。

齐桓公要杀管仲，鲍叔牙劝谏：“君将治齐，即高傒与叔牙足也。君且欲霸王，非管夷吾不可。夷吾所居国国重，不可失也。”鲍叔牙认为自己有五个方面不如管仲——“宽惠柔民，弗若也；治国家不失其柄，弗若也；忠信可结于百姓，弗若也；制礼义可法于四方，弗若也；执枹鼓立于军门，使百姓皆加勇焉，弗若也。”

齐桓公是一个有鸿鹄大志的君主，他不记一箭之仇，拜管仲为相国。据说，押解管仲的囚车刚到齐国，齐桓公就派鲍叔牙来迎接，到了国都临淄后，管仲连囚服都没来得及换就被齐桓公任命为国相。为了让管仲充分发挥才能，齐桓公破格提拔管仲为上卿，尊之为仲父。随后，管仲又推荐了隰朋、宁戚、王子城父、宾胥无、东郭牙五杰，再加上鲍叔牙等，这一大批人才齐聚齐桓公、管仲君臣麾下，组成了强有力的创业团队，然后就开始了历史上著名的“管仲改革”。

“管仲改革”之后，齐国国力大增。有了雄厚的物质基础和军事实力之后，齐桓公走上了争霸之路，他打出的旗号是“尊王攘夷”。所谓“尊王”，就是尊重周天子的权威地位，“挟天子以令诸侯”；所谓“攘夷”，就是号召各诸侯国共同抵抗夷狄。当时的中国大地，不仅诸侯国之间征战不休，各诸侯国还会受到“蛮夷”的入侵。所说“夷狄”，也就是北方草原上的游牧部落。公元前六七世纪，北方草原地区持续发生自然灾害，不是干旱就是暴风雪，极端气候频发，游牧部无法在当地生存，只好南下中原，抢掠中原地区的各诸侯国。

名义上服从周天子的各诸侯国之间虽然也不断打仗，但当夷狄入侵之际，大家觉得还是先对付夷狄要紧。毕竟诸侯国之间有姻亲关系，有共同的文化价值观，而“夷狄”则完全是“异路”，是“野人”。所以，“尊王攘夷”的旗号让齐桓公的争霸之举有了一个道义上的制高点。

凭借“尊王攘夷”的旗号，再加上强大的经济和军事实力，齐桓公通过“胡萝卜加大棒”的手段安定了中原地区。公元前681年，宋国发生叛乱，齐桓公出头替宋国平叛，然后与宋、陈、蔡、邾四国在北杏会盟，这次会盟是齐桓公以诸侯身份主持的首次会盟。当时鲁国的附庸国遂国不肯参加会盟，齐国便出兵灭了遂国。齐国又出兵伐鲁，鲁庄公请求献出遂地求和，齐桓公答应。两国遂在柯地会盟，会盟之际，鲁将曹沫趁随鲁庄公升坛之际，以匕首劫持齐桓公，齐桓公只好答应归还侵占的鲁国汶阳等地。事后齐桓公虽怒，但还是原谅了鲁国。柯地会盟由此成功，齐鲁两国缔结了友好关系。史书称：“要盟可犯，而桓公不欺；曹子可仇，而桓公不怨，桓公之信著乎天下，自柯之盟始焉。”

宋国见齐鲁和好，便背叛北杏之盟。公元前680年，齐国约集陈、曹伐宋，并请求周天子派王师参战，周天子命大夫单伯率师参加三国的伐宋之战，宋桓公屈服求和，三国军方撤，宋国归附齐国。此时，郑厉公复位，也与齐国结盟。齐国会同王室卿士单伯与卫、陈、郑三国在鄄（今山东鄄城北）会盟，各国诸侯一致归附齐国，齐桓公由此确定了霸主地位。

齐桓公自首霸起，就一直以“尊王”为口号，突出周王在政治上的地位和权威。齐桓公三十一年(公元前655),周惠王有废黜太子郑而另立少子带的意向。齐桓公会集宋、鲁、陈、卫、郑、许、曹诸国君于首止(今河南省睢县东),与周太子盟,以确定太子的正统地位。

郑文公虽赴会,订盟那天,却不参加确立太子郑的结盟,便擅自回国。次年,齐桓公因郑文公首止逃会,率鲁、宋、陈、卫、曹联军讨伐郑国,此次伐郑,因楚国插手,而郑、楚又是奉周惠王命令行事,未取得积极成果。后年十二月,周惠王卒,太子郑立为周王,即襄王。襄王因怕大叔带争位,秘不发丧,而告难于齐国,求齐桓公确立其君位。次年春,齐桓公率鲁、许、卫、曹君与陈世子,与周襄王派来的大夫在洮(今山东省鄄城西南)结盟,郑文公也来会盟,于是共同奉太子即位,确立了襄王的王位。

鲁僖公九年(公元前651),齐桓公召集鲁、宋、曹等国国君及周王使者周公宰孔会于葵丘(今河南省兰考县考城镇附近),周襄王赐齐桓公文武胙(祭肉)、彤弓矢、大路,命无拜,周公宰孔说:“天子对文王、武王有祭祀之事,派孔赐给伯舅祭肉。”齐桓公要下阶拜受,宰孔说:“还有后面的命令。天子命令孔说:‘由于伯舅年老,加上有功劳,赐予进一等,不用下阶拜受。’”齐桓公回答说:“天子离我不到咫尺,小臣小白,我怎敢贪受天子的命令,不用下拜呢?恐怕会跌下来,给天子带来羞辱,怎敢不下拜?”于是下阶跪拜,登堂再拜,接受祭肉。齐桓公虽然是靠实力说话的霸主,但基本上还算遵守春秋大义,起码在礼仪上还对周天子十分尊重。同年秋,齐桓公在葵丘主持会盟,使其霸业达到了巅峰。

齐桓公之“攘夷”，主要分北伐山戎与南征强楚两大部分。齐桓公二十三年（公元前 663），居冀北的山戎屡次侵犯燕国，燕国向齐国求救。齐桓公与鲁庄公在济水相会，商讨共伐山戎之事。鲁庄公表面答应，却按兵不动。齐桓公与管仲、隰朋率兵北伐山戎，齐国君臣上下同心，克服了艰难险阻，终于战胜山戎，达到救援北燕的目的。燕庄公为感谢齐桓公，“遂送桓公入齐境。桓公曰：‘非天子，诸侯相送不出境。吾不可以无礼于燕’”，遂把燕军所到之地划给了燕国，如此大度，只希望“燕公复修召公之政，纳贡于周，如成康之时”，诸侯闻之，皆从齐。

北讨山戎之外，就是南面伐楚。楚国始族季连，其后裔鬻熊曾在文王时为官，传至熊绎，被成王封楚地（今湖北省秭归东南）。但楚以蛮夷自居，成王盟诸侯于岐阳，楚不与盟，等于不买周天子的账。昭王二十四年，周昭王亲率六师，渡汉水南伐。楚国的间谍把用木胶粘合的船让昭王乘坐。船行至中流，胶融化，船解体，昭王和祭公溺水而死，周军大部丧亡，史称“昭王南征而不返”。楚国至武王、文王时，连年伐随、伐申、灭邓、灭息，开拓疆域到汉水中游，国势日渐强盛。公元前 666 年，楚国无故伐郑，被齐、鲁、宋联军击退。公元前 659 年，楚国因郑国亲齐，又派兵伐郑。

为了抗楚，公元前 656 年，齐国会合鲁、宋、陈、卫、郑、许、曹，八国联军征伐楚国。联军先攻击楚国的盟国蔡国，之后乘楚不备，挥师伐楚。

楚成王派遣使者到诸侯军中说：“君王住在北方，我住在南方，纵使牛马跑散也不会到达彼此的边境。不料君王来到我国境内，这是什么缘故?”管仲代表齐桓公回答说：“从前召康公命令我的祖先太公说：‘天下诸侯，你都可以征伐他们，以从旁辅佐周室。’赐给我祖先征伐的范围，东到大海，西到黄河，南到穆陵，北到无棣。你们的贡物包茅不进贡王室，天子的祭祀不能供应，没有什么用来滤酒祭神，我特来追究这件事。周昭王南巡到楚国没有返回，我特来追问这件事。”

楚国使者回答说：“贡物没有进贡王室；是敝国国君的罪过，岂敢不供给？至于昭王没有返回，君王到汉水边上去查问吧！”

诸侯军队继续前进，驻扎在陉地。联军与楚国军队对峙到夏天。楚成王又派遣使者屈完前往诸侯军中谈判。齐桓公陈列诸侯军队，与屈完同乘一辆战车观看。齐桓公说：“这次用兵难道是为了我自己吗？这是为了继承先君建立的友好关系，你们楚国与我们继续友好，如何?”

屈完回答说：“君王光临，向敝国的社稷之神求福，承蒙收纳敝国国君，这乃是敝国国君的愿望。”

齐桓公说：“以这样的军队来作战，谁能抵抗他们？以这样的军队来攻城，什么城池不能攻破?”

屈完回答说：“君王如果以德行安抚诸侯，谁敢不服从？君王如果用武力，楚国以方城作为城墙，以汉水作为城河，你们联军虽多，也没有地方使用他们。”

经过谈判，楚国表示愿意加入齐桓公为首的联盟，听从齐国指挥。于是齐桓公与楚国的屈完在召陵签订了盟约。此次伐楚，齐桓公率领的诸侯联军虽没有对楚国穷追猛打，但还是达到了让楚国承认周天子地位、不再侵略中原各国的战略目的。

齐桓公北抗狄，南伐楚，安内攘外，保护了中原经济和文化的发展，其历史功绩是不可泯灭的。因此，孔子才说："管仲相桓公，霸诸侯，一匡天下，民到于今受其赐。"针对齐桓公，孔子还有过如下比较："晋文公谲而不正，齐桓公正而不谲。"意思是，晋文公诡诈而不正义，齐桓公正义而不诡诈。这是一个比较高的评价。我们知道，孔子对春秋时期的许多国君都看不上眼，称他们是"乱臣贼子"。他之所以认为齐桓公"正而不谲"，"民到于今受其赐"，绝不仅仅是因为其霸业本身，而是因为齐桓公有一定的道义和文化担当。

齐桓公的"尊王攘夷"并不仅仅是口号，而是有相当的实质内容。他的"尊王"对恢复"周礼"有积极作用，这一点与孔子毕生的文化诉求极为合拍；而"攘夷"则不仅保护了中原各国的经济发展，亦对捍卫中原文明有着至关重要的作用。在礼崩乐坏的春秋时代，周天子威严扫地，诸侯国各自为政，若此时没有齐桓公出面整合中原的政治势力，统一"攘夷"，则中原文明很可能被夷狄所毁。孔子评价管仲时说"微管仲，吾其披发左衽矣"，其深意亦在于此。在周室衰微之际，只有齐、楚、秦、晋四个大国比较强盛，而只有齐桓公能树立威信，让各诸侯信服。可以说，正因为齐桓公在乱世中有相当的道义和文化承担，所以他本人和他"九合诸侯，一匡天下"的霸业才受到了孔子的高度评价。

1.(14.15)子曰:"晋文公[1]谲[2]而不正,齐桓公正而不谲。"

【注释】

①晋文公、齐桓公:晋文公名重耳,齐桓公名小白。齐桓公、晋文公是春秋时五霸中最有名声的两个霸主。

②谲:jué,欺诈,玩弄权术阴谋。

【译文】

孔子说:"晋文公诡诈好耍手段,作风不正派;齐桓公作风正派,不用诡诈,不耍手段。"

提问 你能具体说说齐鲁两国有哪些不同吗?

华夏第一相管仲

每个小朋友都有自己最要好的朋友对不对？那你有没有想过什么是真正的朋友，什么是真正的友谊呢？今天，我们就来讲一讲管仲和他的好朋友的故事。

管仲年轻的时候，有一个非常要好的朋友叫鲍叔牙。他们一起做生意养家糊口，遇事一起商量谋划，甚至曾经一起上战场打仗。但是，挣了钱的时候，管仲总是自己拿走一大半，只留一点给鲍叔牙。他喜欢给鲍叔牙出谋划策，却常常把事情越搞越糟，自己做官也不顺利，好几次都被国君驱逐。就连上了战场，管仲也躲在大家后边，逃跑的时候，却比谁溜得都快。大家都看不起管仲，嘲笑他自私胆小，又蠢又笨，也为鲍叔牙打抱不平，认为他老挨管仲的欺负。但鲍叔牙自己却不这么认为，他反而劝大家说，管仲家里贫穷，多拿一点没关系，他打仗逃跑也是因为记挂着家里的老母亲。管仲不仅不蠢，还很有才干，只是因为时运不济，没有遇到好的机会而已。管仲听说了鲍叔牙的话，不禁感慨地说："生我的是父母，真正了解我的却是鲍叔牙啊！"

后来，管仲做了齐国公子纠的老师，鲍叔牙则辅佐公子小白。齐国内乱的时候，他们都出逃到国外。齐国国君被杀后，公子小白抢先回到国内，登上了王位，称齐桓公。他下令杀死了公子纠。就在他要杀管仲的时候，鲍叔牙站出来说，自己宁愿不当宰相，也要力保管仲，因为只有他能辅佐齐国称霸群雄。就这样，管仲当上了齐国的宰相。

《论语》中，子贡和子路请教孔子的，正是这件事情。他们问先生："齐桓公杀了公子纠，公子纠的老师召忽为之殉难，管仲不仅不死，还做了仇人的宰相，这能算是有仁德的人吗？"

小朋友们，不知道你们怎么看待这件事呢？你们会像鲍叔牙一样理解管仲，认为管仲不是不知廉耻，而是不拘小节，以不能建功立业为真正的耻辱吗？还是让我们先来看看历史本身，再来下结论吧！

管仲辅佐齐桓公治理国家，具体内容很多，概括地说就是政治、经济、军事三大项。

政治上加强中央集权，提高行政效率。改革后的政策规定，齐国权力集中于国君，官吏采用选举制度，人才由乡长向上进贤，地方官吏如果埋没压制人才，则治以"蔽贤""蔽明"之罪。其次，在全国实行"四民分业定居"，使士、农、工、商四民各居其职所，各有专业，不能自由迁移。这在当时对稳定社会起到了重要作用。

经济上实行"经济国有化"政策，将冶铁、盐业等原来由贵族、商人经营的产业一律收归国有。此外，还推行了"相地衰征"

的农业政策,即根据土地的不同等级分别加以征税。此举顺乎了民心,再加上实行“轻徭薄赋”的奖励措施,齐国农业得到了迅猛发展。

军事上采用“寓兵于民”的办法,创建“三军”制度,“五家为轨,故五人为伍,轨长帅之;十轨为里,故五十人为小戎,里有司帅之;四里为连,故二百人为卒,连长帅之;十连为乡,故二千人为旅,乡良人帅之;五乡一帅,故万人为一军,五乡之帅帅之”。后人说“号令三军”,典故即出自这里。当时的齐国有15个乡,也就有3万常备军,这在当时是一个庞大的数字。按周朝礼制,周天子才能拥有3.5万人的军队,诸侯国的军队规模不能超过7500人。军事编制建立后,“三军”于春秋两季利用田猎时机进行军事演习,提高战斗力。

这时,北方和南方的少数民族,称山戎和夷狄的,经常来掳掠中原的百姓,各个诸侯国都不堪其扰。管仲见此,乘机建议齐桓公,以“尊王攘夷”的口号来召集诸侯。尊王,就是尊重周天子。攘夷,就是共同抗击夷狄等外族的侵略。由于齐国兵强国富,实力最强,最有能力与异族对抗,所以大家都乐于与它结盟,好得到更好的保护,尊王的口号又使它得到了周天子的支持,所以齐桓公成功地召集了诸侯会盟,走上了霸主之路。

《论语》中,孔子盛赞管仲是仁德之人,理由却比鲍叔牙又深刻了一些,他并不是因为管仲建立了多么大的功业,而是因为管仲执法严明公正,他治伯氏的罪,剥夺了他的采邑,使他终身只能吃粗粮,伯氏却毫无怨言,心服口服。他辅佐齐桓公成就的霸业,是凭借自己的才能和胆略以和平的手段取得的，不仅让百姓安居乐业，还使华夏文明薪火相续，这才是孔子眼中真正的仁德之人。

但是，孔子对管仲也不是没有批评。他讽刺管仲器量狭小，对自己建立的功业自骄自傲，生活上奢侈铺张，不守礼制，竟然使用和国君一样的礼器宴请宾客。所以管仲的仁德，相对于孔子崇敬的周公来讲，还是逊了一筹。

1.（3.22）子曰："管仲之器小哉！"或曰："管仲俭乎？"曰："管仲有三归，官事不摄①，焉得俭？""然则管仲知礼乎？"曰："邦君树塞门②，管氏亦树塞门。邦君为两君之好③，有反坫，管氏亦有反坫。管氏而知礼，孰④不知礼？"

【注释】

①摄，兼义。官事不摄，指因事设官，各不兼摄。

②树，指屏风；塞，屏蔽。古代礼制，天子诸侯在门外立屏风以示内外有别。

③好，hào，友好。

④孰，谁。

【译文】

孔子说："管仲的器量真小呀！"有人问："您的意思是管仲生

活上很吝啬吗?”先生说:“管仲有三处家宅,各处各项执事,都设有专人,不兼职,哪能算是俭呢?”又问道:“这样的话可以说管仲知礼吗?”先生说:“国君用屏风遮门,管仲也用屏风遮门;国君设宴招待外国君主,堂上有安放酒杯的土几,管仲宴客也有那样的土几。若说管仲知礼,谁不知礼呢?”

2.(14.9)或[①]问子产。子曰:“惠人也。”问子西。曰:“彼哉!彼哉[②]!”问管仲。曰:“人也!夺伯氏骈邑三百,饭疏食[③],没齿[④]无怨言。”

【注释】

①或:有的人。

②彼哉!彼哉:表示轻视的习语。

③饭疏食:饭,动词,以粗粮为饭。

④没齿:指终身。

【译文】

有人向孔子问子产是怎样的人,先生说:“他是对百姓有恩惠的人。”问到子西,先生说:“他呀!他呀!”问到管仲,先生说:“他是人才!他剥夺了伯氏在骈邑三百户的领地,使伯氏只能吃粗粮,但伯氏到死没有过怨言。”

3.（14.16）子路曰："桓公杀公子纠，召忽死之[1]，管仲不死。"曰："未仁乎？"子曰："桓公九合诸侯[2]，不以兵车，管仲之力也。如[3]其仁！如其仁！"

【注释】

①死之：死，动词，之，代词。为他而死。

②九合：指多次；九合，多次会合。

③如：乃，这就是。

【译文】

子路说："齐桓公杀公子纠，召忽为公子纠死了，管仲却没有为他而死。"问道："这不算是有仁德的人吧？"先生说："齐桓公多次主持诸侯间的盟会，并不凭借兵车武力，都是管仲的功劳。这就是他的仁德啊，这就是他的仁德！"

5.（14.17）子贡曰："管仲非仁者与？桓公杀公子纠，不能死，又相[1]之。"子曰："管仲相桓公，霸诸侯，一匡天下[2]，民到于今受其赐。微[3]管仲，吾其披发左衽[4]矣。岂若匹夫匹妇之为谅[5]也，自经[6]于沟渎而莫[7]之知也。"

【注释】

①相：辅佐，做宰相。

②一匡天下：统一和匡正天下。

③微：假如没有。

④披发左衽：披散着头发，衣襟向左边开，是夷狄等落后民族的风俗，指被少数民族侵占。

⑤谅：小仁小义。

⑥自经：自杀，自缢。

【译文】

子贡说："管仲不是个有仁德的人吧？齐桓公杀了公子纠，管仲不能为公子纠而死，又做了齐桓公的相国。"先生说："管仲辅佐齐桓公，称霸诸侯，统一和匡正了天下，百姓直到今天还受他的恩惠。如果没有管仲，我们都会披散着头发，衣襟向左边开了。他难道要像普通老百姓一样，为守小信，在沟壑中自杀，还没有人知道吗？"

提问 你是怎么看待朋友的缺点的？你会因为朋友的优点而包容他的缺点吗？

知识积累：

春秋时期的什物

春秋时期的什物和今天差别很大。春秋时期没有桌椅板凳，人们都是席地而坐，所以进入大堂之前先要脱掉鞋子。

床是两用的，即可作为卧具，也可作为坐具。人们在床或席上坐着的时候，都是双膝跪着，臀部放在脚后跟上。床或席上放着长方形的、不高的矮几。吃饭的时候，食物用案托着，可以放在矮几或地上。案是一种长方形四足或圆形三足的托盘，“举案齐眉”就是指的此物。照明的工具叫作烛，但并不是蜡烛，而是火炬一样的东西，用苇子浸泡动物的油脂做成。烹饪的器具有鼎，有方有圆，青铜或者陶制，一般只有贵族才能使用，“钟鸣鼎食”指的就是贵族式的生活。有兴趣的小朋友可以去博物馆参观一下古代形形色色的什物，一定会觉得眼界大开。

晋文公的称霸之路

晋献公晚年昏聩,宠爱骊姬。骊姬为了立自己的儿子奚齐为太子,就陷害晋献公的另外三个儿子申生、重耳和夷吾。结果申生自杀,重耳和夷吾流亡异国。这就是晋国历史上有名的"骊姬之乱"。

为了躲避"骊姬之乱",晋国公子重耳在外流亡19年,后来,在姐夫秦穆公的帮助下"复国",是为大名鼎鼎的晋文公。

在重耳"复国"之前,他的弟弟夷吾曾当过晋国国君,是为晋惠公。晋惠公害怕重耳回国来跟自己争位子,派一个名叫披的宦官(即寺人披,寺人指宦官)和武士捕杀重耳,重耳得到消息后逃跑了。待重耳回国当上国君之后,晋惠公的两个亲信吕甥、郤芮害怕重耳报复自己,就想放火焚烧宫室以达到杀死重耳的目的。

可是,就在这个关键时刻,曾经追杀过重耳的那个叫披的宦官来求见。已经当上了国君的晋文公不愿意再看到昔日的仇人,就派人训斥这个名叫披的宦官,说:"我当年在蒲城的时候,君王(指晋惠公)命你第二天赶到,可你当天就赶到了。后来我逃到狄国,同狄国国君到渭河边打猎,你又替惠公前来谋杀我,惠公命你三天赶到,可你第二天就到了。虽然有君王的命令,怎么那样快呢?我在蒲城被你斩断的那只袖口还在。你就走吧!"

披回答说:"小臣以为君王这次返国,大概已懂得了君臣之间的道理。如果还没有懂,恐怕您又要遇到灾难了。对国君的命令没有二心,这是古代的制度。除掉国君所憎恶的人,自己有多大的力量就要尽多大的力量。我当年追捕您奉行的就是这样的原则。您当时是蒲人或狄人,对于我又有什么关系呢?现在您即位为君,难道就不会再发生蒲、狄那样的事件吗?从前齐桓公抛弃了射钩之仇,而让管仲辅佐自己,您如果想改变齐桓公的做法,又何必等您下驱逐我的命令呢?要从晋国逃走的人多得是,难道只有我一个人吗?"

晋文公听见披说得有道理,就接见了他。作为见面礼,披把吕甥、郤芮的谋杀计划告诉了晋文公。得到密报之后,晋文公秘密地躲到秦国的王城,并与秦穆公一块商量应付的办法。三月的最后一天,晋文公的宫室果然被烧。吕甥、郤芮没有捉到晋文公,就从晋国逃跑,到了黄河边上,秦穆公引诱他们过黄河,随后杀了这两个人,一起暗杀晋文公的计划就这样被挫败了。这段故事中,我们可以看出晋文公放弃前嫌的胸襟,而这种不念旧恶的政治胸怀恰恰是他逃过谋杀的一个重要条件。

重耳当上晋国国君之后,找来了舅舅狐偃与姐夫赵衰,商量改革朝政。晋文公君臣励精图治,在生产上,号召改进工具,施惠百姓,奖励垦殖;在贸易方面,降低税收,积极争取邻商入晋,互通有无,使晋国的经济获得了发展繁荣。同时,“赋职任功”“举善援能”,对“从亡者及功臣”封邑尊爵,拨乱反正,大量起用在晋惠公、晋怀公时代受到迫害的旧族,提拔有才能的新贵,使统治集团和谐相处。经过晋文公君臣的治理,晋国在两三年之内就强大了起来。

就在晋国国势蒸蒸日上之际,周天子这边出了事。当时的周天子是周襄王,他本来就是在齐桓公的拥护之下继承天子之位的,齐桓公死后,齐国发生了内乱,无力再为周王室提供保护。就是在这种情况下,“子带之乱”爆发了。子带和太子姬郑(即后来的周襄王)都是周惠王的儿子,姬郑为太子,而子带受到惠王和王后的宠爱。公元前653年,周惠王去世,太子姬郑害怕子带发难,就秘不发丧,暗中寻求齐桓公支持。公元前652年,齐桓公召集宋、卫、许、鲁、曹、陈等会盟于洮(今山东鄄城西南),使太子郑继为王,即周襄王。可子带不甘心自己的失败,于公元前649年发动叛乱,焚毁王城东门。在襄王迎击下,子带出奔于齐。公元前638年,周大夫富辰劝说周襄王召子带返周,以免丢失周天子的面子。子带遂应召返回周王室。可是,应召归周的子带依然觊觎天子之位,他于公元前636年与王后隗氏秘密勾结,再次发动了叛乱,引导西戎兵攻周,攻占了都城。周襄王只好仓皇出逃,避居于郑国的汜(今河南襄城),向各国诸侯告难。

收到周襄王的勤王文书后,晋文公君臣开始商量对策。狐偃力主出兵勤王,他说:“想得到诸侯拥护,勤王是上上之选。周天子是天下共主,有了他的支持,必能奉天子以令不臣。”于是晋文公下令出兵勤王。这年三月，晋文公亲率大军攻打子带。在晋国大军的进攻之下，子带的叛军很快就溃不成军了。四月，晋文公败狄人，杀叛党子带、隗后、颓叔等，平叛成功后，晋文公迎周襄王返回王都。此举表明晋文公已然接过了齐桓公“尊王攘夷”的旗帜，积累了足够的政治资源。果然，晋文公的勤王之举让周襄王大为感动，周襄王亲自接见晋文公，并将阳樊、温、原、欑茅四个农业发达的城池赐予晋文公。

可是，就在这个节骨眼上，晋文公提出了一个非分的要求——“请隧”。“隧”是古代的一种葬礼，指通过打隧道的方式安葬尸体，这在当时是天子才能享受的葬礼规格。

周襄王拒绝了晋文公的“请隧”请求，他说：“先王拥有天下，以方圆千里作为周王朝的地域，用来供应上苍和各路神仙的祭祀用度，以及应付内外的祸患。其余的用来平均分配给公爵侯爵伯爵子爵男爵等诸侯，让他们各守本分。周天子难道会有多余的资源吗？周王室内宫官级不过有九级，宫外官级也不过九品，都是刚刚够供奉祭祀神灵而已，哪敢放纵欲望来破坏先王的法度呢？现在，也只有在这死生的仪式才表明天子与其他人有别，若把这一点也放弃了，那天子还有什么特殊的呢？”然后又说：“叔父您（周襄王称晋文公为叔叔）如果能光大美好的德行，改朝换代，创建自己的天下，那时，我即使被放逐到荒远边疆，也没有什么话好说的。如果您还要尊奉周朝姬姓的天下，那么，请遵守先王订立的制度，重要的礼仪不可以改啊。我哪里敢擅自更改以前的重要规章，如果做了，那就是愧对天下百姓呀。”

周襄王拒绝晋文公的这番答词引经据典，合情合理，既维护了周天子的尊严，又极力避免伤害到晋文公的自尊心。

晋文公当然也是明白人，“请隧”被拒后立马知趣地“受地而还”，接受了周襄王赏赐的土地，回到了晋国。

其实，通过此次勤王之举，晋国不但赢得“尊王攘夷”的政治资本，而且还把疆域扩展到了太行山以南、黄河以北一带，为其日后称霸中原创造了有利条件。

平定“子带之乱”后，晋文公和晋国的国际形象都得到了极大的提升，中原诸国也希望晋国能充当“宪兵”，维持国际秩序。当时，实力强大的楚国经常欺负中原诸国，如果任由楚国肆意扩张，晋国的利益也必然受到影响。所以，权衡再三之后，晋文公决定对楚国宣战。

事情的起因是楚国攻打宋国，宋成公向晋文公求救。晋文公感念宋襄公当年对自己的恩惠（晋文公流亡时途经宋国，宋襄公“厚礼重耳以马二十乘”，这份重礼对落难之际的重耳来说实在是雪中送炭），决定出兵救宋，晋中军元帅先轸也说：“报施救患，取威定霸，于是乎在矣。”

在出兵之前，晋文公在被庐检阅军队，扩编三军，任命了将佐，从而拉开了城濮之战的序幕。军事准备的同时，晋文公派人出使秦国和齐国，争取这两个大国的支持。经过外交争取，齐国和秦国同意出兵帮助晋国“援宋拒楚”。在政治上，晋文公打出了“尊王攘夷、拱卫周天子”的旗号，大肆渲染楚国冒犯周天子，争取道义支持。

在军事上，晋国君臣认真分析战场形势，决定不直接救宋，而首先讨伐楚国的附属国曹、卫。因为"楚新得曹而初婚于卫，若伐曹、卫，楚必救之，则宋免矣"。这一招既可引诱楚师北上，又可坐收以逸待劳之功。

于是，公元前632年春，晋国出动三军、战车七百乘伐曹，曹是个小国，根本不是晋国的对手，卫国同样被晋打得稀里哗啦。很快，晋国就初战告捷。

楚成王见晋军破曹降卫，同时已经与齐、秦结成了联盟，就命令楚国大将令尹子玉撤回围宋的军队，并告诫他说："无从晋师！晋侯在外十九年矣，而果得晋国，险阻艰难，备尝之矣。民之情伪，尽知之矣。"又曰："知难而退。"意思是说，晋文公不是个好对付的角色，不要与他发生冲突。可是令尹子玉一向骄傲，不听楚成王劝告，指派伯棼赴申邑向楚成王请求出战，要求增援。楚成王犹豫不决，虽不愿与晋国交战，却又答应了子玉的请求，增派了援军。

得到楚成王的增援后，子玉挥师北进，与晋军对峙。

当初，晋文公以公子身份颠沛流离时，曾路过楚国，受到过楚成王的厚待。当时，楚成王曾问晋公子重耳："公子若反晋国，则何以报不谷？"重耳回答道："若以君之灵，得反晋国。晋楚治兵，遇于中原，其辟君三舍（三十里一舍）。"这次，晋文公果然兑现诺言，面对楚军的进攻，"退避三舍"。

见晋军节节撤退，子玉更加骄傲，他率军追至城濮，派人向晋文公递交战书："请与君之士戏，君冯（凭）轼而观之，得臣（子玉名）与寓目焉。"翻译成现代汉语的大意就是，请我们的军士和您的军士们比试比试，劳烦您就在车辕之上好好欣赏一番，让得臣我也借机欣赏欣赏吧。晋军栾枝回答："寡君闻命矣。楚君之惠未之敢忘，是以在此。为大夫退，其敢当君乎？既不获命矣，敢烦大夫谓二三子：戒尔车乘，敬尔君事，诘朝相见。"翻译成现代汉语就是，我们君侯听到您的命令了。从前楚王给予的恩惠我们至今未忘，所以撤军至此！您作为贵国的令尹我们尚且退让，我们又岂敢与楚王为敌呢？可是，既然得不到您和平的命令，就请麻烦您告诉战士们：准备好你们的战车，忠实执行你们国君的命令吧，明日清晨再会！

于是，在公元前632年4月的某个清晨，晋楚两军在城濮展开了大战，这便是历史上有名的城濮之战。

大战开始之际，晋下军佐辅胥臣率部用虎皮蒙在马身上，首先冲击楚右翼的陈国和蔡国军队，陈、蔡两国的士兵以为是真的老虎阵，惊骇溃逃，楚右军溃败。楚将子玉见右军溃败，怒火中烧，加强了对晋上军的攻势。晋右翼上军伪装后退，诱敌深入。待楚左军追击晋右翼上军时，侧翼暴露，晋先轸、郤溱率中军拦腰截击，楚军左路亦溃败。楚将令尹子玉见左、右两军皆败，遂下令中军停止进攻，率残兵败将退出战场。

城濮之战，晋国以战车七百乘、五万多兵力击败楚、陈、蔡、郑、许五国联军战车一千四百乘、十余万众，一举遏制了楚国北进中原的态势。此战之后，中原诸侯无不朝宗晋国，晋文公的霸业由此确立。

打败楚国之后，晋文公胜利班师，向周襄王献俘告捷——晋文公献给周天子楚国战俘一千人、战车一百辆。周襄王则向晋文公赐酒，并册封晋文公为“侯伯”（意为诸侯之长）。同时准许承担保卫周王室、讨伐不臣诸侯之权，并赐大辂之服、戎辂之服，彤弓一、彤矢百等礼器以示授权。

公元前632年5月，晋文公以周天子之命，于践土会盟诸侯。同年冬，晋文公又在周、晋边界线再度会盟诸侯。第二年，晋文公又在翟泉会盟诸侯。至此，晋文公成了继齐桓公之后的又一代霸主。

1.（14.15）子曰：“晋文公[1]谲[2]而不正，齐桓公正而不谲。”

【注释】

①晋文公、齐桓公：晋文公名重耳，齐桓公名小白。齐桓公、晋文公是春秋时五霸中最有名声的两个霸主。

②谲：jué，欺诈，玩弄权术阴谋。

【译文】

孔子说：“晋文公诡诈好耍手段，作风不正派；齐桓公作风正派，不用诡诈，不耍手段。”

提问 谈谈你眼中的晋文公与齐桓公的不同之处吧。

翩翩君子风

在《论语》中，我们会见到许多关于君子与小人的句子。在孔子看来，君子与小人的区别，不仅仅是社会地位的不同，更重要的是一种人格的高低。例如“君子周而不比，小人比而不周”，君子是团结，而不是勾结；小人是勾结，而不是团结。“君子喻于义，小人喻于利。”君子懂得的是义，小人懂得的是利。“君子坦荡荡，小人长戚戚。”君子心地平坦宽广，小人却经常局促忧愁。“质胜文则野，文胜质则史。文质彬彬，然后君子。”朴实多于文采，就未免粗野；文采多于朴实，又未免虚浮。文采和朴实配合适当，这才是个君子。孔子兴办私学，也不仅仅是传播知识和技术，更重要的就是培养仁德正直的君子，以为社会的栋梁之材。

那什么才称得上孔子眼中的君子呢？现在我们就通过几个小故事来欣赏一下战火纷飞、暴行肆虐的春秋时期，士大夫们“弹指间，樯橹灰飞烟灭”的风度吧。

孔子曾说：“宁武子，邦有道则知，邦无道则愚；其知可及也，其愚不可及也。”对此的通常解释是，宁武子这个人，当国家政治开明的时候，他就发挥聪明才智，为国效力。当国家政治黑暗的时候，他便装傻犯糊涂。宁武子的聪明别人是可以达到的，可他那种“愚”（装糊涂）却是一般人无法企及的。

宁武子是春秋时期卫国的大夫，名俞，武是他的谥号。他生长在一个礼崩乐坏的时代，卫懿公好鹤误国，北狄攻占了卫国的朝歌城，宁武子及家人随逃难的人群一路东奔。后来卫文公在齐桓公的帮助下复国，宁武子遂开始出仕，并得到了卫文公重用。其后，宁武子经历卫文公和卫成公两朝，成为春秋时期有名的贤大夫。

卫文公是开明国君，当上国君之后，他仍然穿粗布衣服，戴粗布帽子。经济上，他重视农业生产，鼓励工商和手工业。文化上，他重视教化，奖励求学，向臣下传授为官之道，任贤使能，与百姓同甘共苦。经过二十多年的治理，卫国经济得以恢复和发展，卫国国力逐渐强大。

可有意思的是，在卫文公这个明君当政期间，史书中并无宁武子如何展现聪明智慧的记载。反倒是在卫成公这个不太靠谱的国君当政期间，记载了宁武子的作为，而这些作为，显然不是普通人所理解的装傻以自保的“愚”，而是另一种“愚”——敢于担当，“知其不可而为之”。

卫成公是卫文公之子，他能从老爸那里继承国君之位，却没能继承老爸的政治智慧。他即位时恰是晋楚争霸之际。公元前634年，楚国出兵攻打宋国，宋国向晋国求救。公元前633年，晋文公想向卫国借道救宋国，卫成公不答应。当时，卫国大夫元咺认为卫国应该借道给晋国，以联合晋国抵制楚国，但卫成公没有采纳元咺的建议。于是，晋国只好改道救宋。后来，晋楚之间爆发了著名的城濮之战，大战之前，晋国想让卫国与自己结盟，卫成公又没答应，反而让自己的军队加入了楚国军事集团。

就决策而言，卫成公不与晋国结盟而倒向楚国，显然是极大的错误。当时，楚国尚属“蛮夷”，在“尊王攘夷”的大格局之下，中原各诸侯国显然应该与晋国结盟，共同对抗楚国。在这一点上，卫国大夫元咺显然比卫成公清醒得多。

公元前632年，城濮之战爆发，晋国打败了楚国，卫成公听说楚国战败，就从卫国“出奔”，让元咺辅佐自己的弟弟叔武处理卫国政事。卫成公无礼于晋，晋文公自然很生气，就顺道攻取了卫国，并与宋国共分其地。

在卫成公“出奔”期间，宁武子一直在他身边。后来，晋国又让卫成公“复国”。这个时候，卫国已经形成了两派政治势力，一派是跟着卫成公“出奔”的，一派是留在卫国听命于元咺的，整个国家有分裂的危险。这个时候，宁武子就出场了。他“与卫人盟于宛濮”，说：“天祸卫国，君臣不协，以及此忧也。今天诱其衷，使皆降心以相从也。不有居者，谁守社稷？不有行者，谁扞牧圉？不协之故，用昭乞盟于尔大神以诱天衷。自今日以往，既盟之后，行者无保其力，居者无惧其罪。有渝此盟，以相及也。明神先君，是纠是殛。”意思是说，老天要降灾祸给卫国，使卫国君臣之间不和睦，致使卫国面临今天的为难境地。现在老天诱发我们内心的良知，让我们都放弃成见，互相和睦。

如果没有留在国内的人，谁保卫社稷？如果没有跟着国君一块出走的人，谁替国君放养牛马、照顾起居？自这次会盟之后，跟随国君一块出行的人不要认为自己有功劳，留在国内的人也不要害怕被国君追究罪责。如果有人破坏了这个盟约，上天就会惩罚他。

经过宁武子的这次“政治斡旋”，卫成公才得以回到卫国继续做国君。但问题并没有就此结束。在“出奔”期间，有人向卫成公进谗言，说元咺要改立叔武做卫国国君。当时，元咺的儿子元角正跟着卫成公，卫成公就让人杀了元角。这也就与元咺结下了恩怨。

当上霸主之后，晋文公在温地主持诸侯会盟，在此次“国际峰会”上，一个重要议题就是讨论如何惩罚卫成公。卫成公冤杀元角之事被提交“峰会”之上，最后裁决卫成公败诉。晋文公建议周天子（周襄王）杀了卫成公，但周襄王不同意。于是，晋文公就想使阴招，让医生“鸩杀”卫成公。这个时候，宁武子又出场了。他贿赂医生，让他在下药的时候少放了许多剂量，结果，卫成公“不得死”，保住了一条命。最后，鲁僖公又替卫成公求情，送给晋文公和周襄王各十双宝玉才使晋人释放了卫成公。

后来，卫成公又收买卫国的两个大夫发动政变，杀死了元咺和元咺改立的国君公子瑕。经过几次折腾，卫国元气大伤，随后又遭到狄人围攻，只好迁都于帝丘。此时卫成公梦见卫国的始君卫康叔说：“夏后相夺走了我的祭品。”然后卫成公就下令祭祀夏后相。在当时，祭祀是国家大事，怎么能说改就改呢？于是宁武子力谏，说“鬼神非其族类不歆其祀”，夏后相不是我们卫国的祖先，跟我们没关系，我们怎么可以改祭呢？经宁武子力劝，卫成公才放弃“改祭”这个荒唐的想法。

从贿赂医生以保下卫成公的性命到劝阻卫成公改祭的荒唐之举，宁武子在这段“邦无道”时期的作为，显然不是在故意装傻犯糊涂，而是每每在关键时刻挺身而出，为国担当。宁武子在卫文公主政的清平之世没看到他有什么特殊的功绩，可见他的智能是一般人能达得到的。可在乱世之际，卫成公无道，甚至失掉了卫国，而宁武子却在危难之际挺身而出，周旋其间，尽心竭力，不避艰险。在乱世之中有勇气担当，这对大部分人来说是冒风险的“傻事”，是“不聪明”的做法，是“愚”。但孔子赞赏这种“愚”，认为这种“愚”恰恰是很多人做不到的，这种舍我其谁的担当意识恰恰是宁武子人格高尚的明证。

孔子本人其实也是有一股“愚”劲的。生活在礼崩乐坏的时代，他奔走呼号，游说各国诸侯实现“仁政”，他这种“知其不可而为之”的精神，在很多人看来不也是很“愚”的吗？但是，孔子也正是凭着这股子“愚”劲成了“万世师表”。鲁迅先生曾说：“我们从古以来，就有埋头苦干的人，有拼命硬干的人，有为民请命的人，有舍身求法的人……虽是等于为帝王将相作家谱的所谓‘正史’，也往往掩不住他们的光耀，这就是中国的脊梁。”看看，鲁迅先生所列的这几类“中国的脊梁”，不是也都有股子“愚”劲吗？看来，学习先贤，有时光学习他们的聪明智慧还不够，还要学习他们超越得失利害的“愚”劲，“愚”代表着他们超越常人的勇气，

“愚”代表着他们不计成败利害的担当意识,“愚”也代表着他们“知其不可而为之”的坚韧品格……所有这些,都是他们超越庸常的重要精神力量。

另一个故事是关于鲁国重卿臧文仲的。鲁庄公二十八年(公元前666),鲁国发生了饥荒。危难之际,鲁卿臧文仲对鲁庄公说:“现在是鲁国万分危急的时刻,我们只有取得邻国的大力帮助才能渡过难关。诸侯国之间有互相支持的约定,彼此还互通婚姻,结成友好的外交关系,为的就是在国家危难之际能得到援助。现在,我们鲁国就处在危难之中,您何不用名器珍宝到齐国去购买粮食?国家平时铸造名器,收藏财宝,就是为了在危难时派上用场的呀。”

鲁庄公问:“谁能出使齐国,完成购买粮食的任务?”

臧文仲自告奋勇,说:“国家发生了饥荒,卿理应出使邻国购买粮食。我是鲁国的卿,请让我去齐国购买粮食。”鲁庄公就派臧文仲去了齐国。

有人不理解臧文仲的做法,说:“国君也没命令您出使齐国,您却自己主动要求去齐国购买粮食,这不是没事找事吗?”

臧文仲说,在危机时刻,不能用平常的礼仪来苛求贤者。当官的人不能躲避困难,应多多体恤百姓。身为高官,如遇事推诿扯皮,那就是对国君不负责的做法。

臧文仲带着鬯圭(一种名贵的礼器)和玉磬去齐国。他对齐桓公说,鲁国现在发生了饥荒,老百姓都快饿死了。我们都不敢拿先君留下的礼器当宝贝了,将它们献给贵国,只希望贵国能把多余的粮食卖给我们，帮助我们渡过这次难关。如果贵国肯帮助我们，不但我们国君和几位大臣感恩您，就是周公和伯禽的在天之灵都会感激您的（鲁国本是周公的封地，周公因要辅佐周成王，派儿子伯禽做了鲁国的首任国君）。

臧文仲的这番外交辞令十分漂亮，不但献宝物以示诚意，而且还把周公和伯禽的在天之灵抬了出来，可谓情真意切。齐桓公被感动了，"归其玉而予之籴"，归还了他献上的名贵玉器，并答应将粮食卖给鲁国，帮助鲁国度过了饥荒。这便是臧文仲"如齐告籴"的故事。

臧文仲是春秋时期有名的政治家和外交家，他重视民生。在保民与保财之间，他毅然劝鲁庄公"以名器请籴于齐"。出使齐国后，他又能以出色的外交辞令说服齐桓公，"告籴"成功。这种在国家危难之际挺身而出的担当意识和救百姓于水火的人道情怀，值得后人敬佩。

除了臧文仲的个人原因外，国际政治也是臧文仲能从齐国"告籴"成功的一个重要原因。当时，齐桓公和管仲君臣正在励精图治、创建霸业的过程之中。齐桓公要取得霸主的地位，不能光凭武力，还必须讲道义，"以德服人"。应该说，齐桓公之称霸诸侯，固然要有实力，但实力之外还要讲道义。他想取得各诸侯国的信任，就要承担相应的国际义务。鲁国发生灾荒，齐国卖粮食给鲁国，助鲁国渡过难关，亦是一种国际义务。齐国和鲁国缔结过友好盟约，齐桓公怎么能眼睁睁地看着鲁国发生饥荒而不予施救呢？如果见死不救，失去了国际威信，那齐桓公还怎么号令其他诸侯？相反，若霸主国只相信“拳头”，完全靠军队东征西讨，那么其霸主地位很快就会失去，原因就是，“信不可知，义无所立，四方诸侯，其谁不解体？”可见，即便是在诸侯争霸的年代，基本的道义也还是要讲的。

1.（5.21）子曰：“宁武子[1]，邦有道，则知；邦无道，则愚。其知可及也，其愚不可及也。”

【注释】

①宁武子：卫国的大夫，姓宁，名俞，武为其谥号。

【译文】

孔子说：“宁武子在国家安定时，像一个智者；在国家危乱时，像一个愚人（有坚韧的品格和可贵的担当精神）。他表现聪明时，别人赶得上；表现‘愚昧’时，别人就赶不上了。”

2.（5.18）子曰：“臧文仲[1]居[2]蔡[3]，山节藻棁[4]，何如其知[5]也？”

【注释】

①臧文仲：春秋时期鲁国的大夫臧孙辰，文为其谥号。

②居，作及物动词用，使动用法，使之居住的意思。

③蔡：古代人把大乌龟叫作“蔡”。古代人迷信卜筮，卜卦用龟，筮用蓍草。用龟，认为越大越灵。蔡便是这种大龟。臧文仲宝藏着它，使它住在讲究的地方。

④山节藻棁：节，柱上斗栱；棁，zhuō，梁上短柱。

⑤知：通假字，通“智”。

【译文】

孔子说：“臧文仲替一种叫蔡的大乌龟盖了一间屋子，让它居住，有雕刻着像山一样的斗栱和画着藻草的梁上短柱，这个人的聪明怎么这样呢？”

3.（1.8）子曰：“君子不重，则不威；学则不固。主忠信[①]。无友不如己者。过，则勿惮改。”

【注释】

①主忠信：行事以忠信为主。

【译文】

孔子说：“君子如果不庄重，就没有威严；即使读书，所学的也不会巩固。要以忠和信两种道德为主。不要跟不如自己的人交朋友。有了过错，就不要怕改正。”

4.（12.20）子张问：“士何如斯可谓之达矣？”

子曰：“何哉，尔所谓达者？”

子张对曰：“在邦必闻，在家必闻。”

子曰：“是闻也，非达也。夫达也者，质直而好义，察言而观色，虑以下人。在邦必达，在家必达。夫闻也者，色取仁而行违，居之不疑。在邦必闻，在家必闻。”

［译文］

子张问：“读书人要怎样做才可以叫达？”

孔子道：“你所说的达是什么意思？”

子张答道：“做国家的官时一定有名望，在大夫家工作时一定有名望。”

孔子道：“这个叫闻，不叫达。怎样才是达呢？为人正直，遇事讲理，善于分析别人的言语，观察别人的脸色，从思想上愿意对别人退让。这种人，做国家的官时固然事事行得通，在大夫家一定事事行得通。至于闻，表面上似乎爱好仁德，实际行为却不如此，可是自己竟以仁人自居而不加疑惑。这种人，做官的时候一定会骗取名望，居家的时候也一定会骗取名望。”

5.(13.20)子贡问曰："何如斯可谓之士矣？"

子曰："行己有耻，使于四方，不辱君命，可谓士矣。"

曰："敢问其次。"

曰："宗族称孝焉，乡党称弟焉。"

曰："敢问其次。"曰："言必信，行必果，硁硁然小人哉！——抑亦可以为次矣。"

曰："今之从政者何如？"

子曰："噫！斗筲之人[①]，何足算也？"

【注释】

①斗筲之人：斗是古代的度量名；筲，shāo，古代的饭筐，能容五升。斗筲是说度量和见识如同饭筐一样狭小的人。

【译文】

子贡问道："怎样才可以叫作'士'？"

孔子道："对自己的行为保持羞耻之心，出使外国，很好地完成君主的使命，可以叫作'士'了。"

子贡道："请问次一等的。"

孔子道："宗族称赞他孝顺父母，乡里称赞他恭敬尊长。"

子贡又道："请问再次一等的。"

孔子道："言语一定信实，行为一定坚决，这是不问是非黑白而只管自己贯彻言行的小人呀，但也可以说是再次一等的‘士’了。”

子贡道：“现在的执政诸公怎么样？”

孔子道：“咳！这些器识狭小的人算得什么？”

6.（13.28）子路问曰：“何如斯可谓之士矣？”

子曰：“切切偲偲①，怡怡②如也，可谓士矣。朋友切切偲偲，兄弟怡怡。”

【注释】

①切切偲偲：偲，sī。切切偲偲，互相切磋的样子。

②怡怡：和顺的样子。

【译文】

子路问道：“怎么样才可以叫作‘士’了呢？”

孔子道：“互相批评，和睦共处，可以叫作‘士’了。朋友之间，互相批评；兄弟之间，和睦共处。”

提问 你认为一个人的行为与他所处的环境之间有着怎样的关系？

知识积累：

春秋时期的宫室

宫与室的意思是不同的。宫是总称，指整所房子，外面有围墙包围，室只是其中的一个居住单位。上古时代，宫指一般的房屋住宅，没有贵贱之分，秦汉之后，只有王者居住的才称为宫。宫室一般是坐北朝南的，主要建筑物的内部空间分为堂、室、房。前部分是堂，通常是行凶吉大礼的地方，不住人。堂的后面是室，可以住人。室的东西两侧是东房和西房。整栋房子都是建筑在一个高出地面的台基上的，所以堂前有阶。要进入堂屋必须升阶，称为“升堂”。孔子所说的子路“由也升堂矣，未入于室也”。意思就是子路的学问还不够深入。有了这篇介绍，下次小朋友们去故宫玩的时候可以仔细地看一看中国的传统建筑式样了。

弱国外交官子产

我们已经了解过能言善辩的子贡了，那么，春秋时期，为什么外交人才会如此受重视呢？这就不得不讲一讲春秋时代有关“国际关系”的故事了。

比如公元前593年，晋国想在断道（今山西省沁县东北）召开诸侯大会，就派大臣郄克出使齐国。此时，齐国国君是齐顷公。郄克到齐国进行“国事访问”，这是重大的外交活动，齐顷公在高台之上举行接见仪式。可齐顷公的母亲萧同叔子非要看热闹（按当时的规矩，女人是不能参与这种外交活动的），齐顷公就给母亲搭了个帷幕，让她偷偷地看。

郄克腿跛，上台阶的时候一瘸一拐的。看到这种情形，萧同叔子忍不住笑出了声。郄克知道这个齐国的女人是在笑话自己，非常气愤，发誓要报复齐国。

公元前589年，齐国与鲁、卫发生了战争，鲁、卫两国国向晋国求救。郄克终于等到了这个机会，力主伐齐，晋、齐鞍之战由此爆发。

经过激烈战斗，晋军战胜了齐军，齐顷公还险些做了晋军的俘虏。

战败之后，齐顷公派了一个叫宾媚人的高级贵族向晋国求和。求和的条件是齐国向晋国献出灭纪所得的甗（yǎn）和玉磬，并愿割地。

晋军主帅郄克一心想着报当年萧同叔子侮辱自己的私仇。他开出的停战条件是："必以萧同叔子为质，而使齐之封内尽东其亩。"就是说，必须要萧同叔子到晋国来做人质，还要齐国的田垄全部改为东西向。

面对如此苛刻的条件，宾媚人回答说："萧同叔子为寡君之母。按照我们列国之间的关系，晋、齐两国是兄弟，齐君之母也是晋君之母。以国母为质是大不孝。晋怎能以不孝号令诸侯？"这样，就义正词严地将郄克所提"必以萧同叔子为质"的条件给驳回了。

针对晋军提出的"齐之封内尽东其亩"的要求，宾媚人又说，田垄的方向是因地制宜的，或南北向，或东西向，这都是根据土地情况和先王之法来定的，你们怎么能光为了你们晋国战车好走就强迫我们改变田垄的方向呢？如果晋再相逼迫，齐国只有"收合余烬，背城借一"，再与晋军一决雌雄。

此时，鲁、卫二国也力劝郄克与齐讲和。最后，郄克只得接受齐国提出的停战条件。

宾媚人答复晋国主帅郄克的这篇外交辞令铿锵有力，我们可以从中看出春秋时期战争与外交活动的一些特点。

其一，“春秋无义战”，当时的战争多是争霸、争利之战。而且，很多战争还夹杂了个人恩怨。比如，齐桓公曾与夫人蔡姬一块坐船游玩，蔡姬会游泳，就故意摇船吓唬不会游泳的齐桓公。齐桓公很害怕，要蔡姬停止嬉闹，蔡姬觉得好玩，继续“荡舟”。结果，齐桓公“怒，归蔡姬，弗绝”，把蔡姬撵回了蔡国，但并没有办离婚手续。“蔡亦怒，嫁其女”，蔡国国君一怒之下把蔡姬嫁给了别人。结果，“桓公闻而怒，兴师往伐”。夫妻之间的一场小矛盾，由此就演变成了齐国讨伐蔡国的战争。

其二，诸侯争霸虽然是实力的较量，但外交的作用亦十分重要。宾媚人是以战败国使者的身份去与晋人和谈，他援引出春秋时期的两条“普世价值观”。第一条是“以孝治天下”，明确告诉晋军主帅郤克，以齐顷公的母亲萧同叔子做人质的要求严重违反孝道，“若以不孝令于诸侯，其无乃非德类也乎？”第二是“布政优优，百禄是遒”，翻译成现代话就是做人要厚道，不能欺人太甚。各国田垄的方向是先王根据土地的实际情况来确定的，这是各诸侯国的内政，他国不能干涉。战败国可以割地、贿赂宝器来求和，但绝不答应他国干涉内政的非理要求。这样的外交辞令，有理有据有节，一方面占据了道义的制高点，另一方面也捍卫了自己国家的主权独立，挫败了“霸权主义者”干涉别国内政的嚣张气焰。

除了晋、齐、楚这些具有争霸实力的大国，夹在他们之间的小国，谁也不敢得罪，日子就更难过了。对于没有军事实力的小国来说，外交使节的责任就凸显出来。被孔子称赞为“古之遗爱者也”的子产,就是其中杰出的代表。晋国当盟主的时候,子产陪同郑简公去晋国进贡。晋平公因为鲁国有丧事的缘故,就没有会见郑简公。自己的国君不受接见,子产很恼火,就派人将晋国宾馆的围墙给拆毁,把装有礼物的车马安置了进去。

晋国大夫士文伯就责问子产,子产就势回答说,因为我们郑国狭小,又处于大国之间,大国责成我们纳贡没有准确时间,所以我们不得不随时准备前来上贡。来了,碰上贵国领导没空闲,还不能晋见。这样一来,我们既不敢把财物献上,也不敢让它露在外面,如果献上,那就是君主府库中的财物了,没有经过陈列的仪式,我们是不敢将它献上的。如果让它暴露在外,又害怕有时干燥有时潮湿而让它腐烂了,这样就加重了我们的罪过。我们也没办法才拆了贵国宾馆的围墙呀。如果贵国国君能给我们明确的指示,让我们完成使命,我们走的时候自然会修好了围墙再回去,难道我们还怕这点辛苦吗?

然后,子产还拿晋国的历史说事。说在晋文公当霸主的时候,晋国对各国使节的接待总是很周到,使节住的房间与晋文公的寝宫一样,诸侯宾客到达,有管薪火的官在庭中点上照明用的大烛,有仆人在馆舍巡逻。车马有安置的地方,随从有人代为服务,管车的为车轴上油,清扫的人、看守牛羊的人、看守马匹的人,各自做好他分内的事。可你们现在倒好,根本不拿诸侯的使节当回事,既不接见,也不安排食宿,这成何体统?

一番话说得晋国人心服口服。晋国的执政官(正卿)赵文子说:“他说得对!我们实在没有德行,用下等人住的房子去接待诸侯，这是我们的罪过啊。”于是立刻派士文伯去赔礼道歉，随后，晋平公在接见郑简公时也提高了礼仪规格。

子产的外交口才不但替郑简公赢得了国际地位，而且还赢得了晋国大夫的赞许，叔向就说：“辞令是不可以废弃的呀！子产善于辞令，诸侯靠他的辞令得到了好处，为什么要放弃辞令呢？《诗经·大雅》中说：‘辞之辑矣，民之协矣；辞之怿矣，民之莫矣，其知之矣。’”意思是说，在外交活动中言辞得当，百姓也跟着获得和平与安宁，子产就是能做到这一点的人。

我们常常说“弱国无外交”，这话当然不错。可是，看春秋时期历史，我们就会发现，问题还有另一面，即如果能很好地使用外交手段和外交技术，战败国往往能把战败的损失减小到最低限度。同样道理，弱国的外交官若才华出众，同样可以替自己的国家争取到较好的待遇，个人也会赢得尊重。从这个意义上，我们甚至可以说，越是弱国、战败国，越需要有高超的外交手段和外交技巧。

1.（5.16）子谓子产[①]，“有君子之道四焉：其行己也恭，其事上也敬，其养民也惠，其使民也义[②]。”

［注释］

①子产：公孙侨，字子产，郑穆公之孙，为春秋时郑国的贤相，在郑简公、郑定公之时执政二十二年。

②恭、敬、惠、义：恭，谦逊；敬，谨恪；惠，喜欢帮助别人；义，使民以法度。

［译文］

孔子评论子产，说："他有四种行为合于君子之道：他自己的容颜态度庄严恭敬，他对待君上负责认真，他教养人民有恩惠，他役使人民合于道理。"

2.（14.8）子曰："为命①，裨谌②草创③之，世叔讨论④之，行人⑤子羽修饰⑥之，东里子产润色⑦之。"

［注释］

①命：外交辞令。

②裨谌：郑国大夫。

③草创：起草。先写草稿，确定大意。

④讨论：意义和今天的"讨论"不同，这是一个人去研究而后提意见的意思。

⑤行人：官名，即古代的外交官。

⑥修饰：修，修削。饰，增饰。这里指增删字句。

⑦润色：增加文采。

［译文］

孔子说："郑国外交辞令的创制，裨谌拟稿，世叔提意见，外交官子羽修改，子产作文辞上的加工。"

提问 你认为子产式的外交人才对当今世界有何作用？